FELICIDADE

Osho

FELICIDADE

A Única Prosperidade Verdadeira

Tradução
Denise de Carvalho Rocha

Editora Cultrix
SÃO PAULO

Título original: *Happiness – The Only True Prosperity*.
Copyright © 2022 **OSHO** International Foundation, www.osho.com/copyrights.
Copyright da edição brasileira © 2023 Editora Pensamento-Cultrix Ltda.
1ª edição 2023.

Os trechos citados neste livro foram selecionados a partir de várias palestras feitas por Osho para uma plateia ao vivo. Todas as palestras de Osho foram publicadas na íntegra em livros e estão disponíveis para o público em forma de arquivos de áudio. Os arquivos de áudio e texto podem ser encontrados *on-line* na biblioteca do site www.osho.com.

OSHO é uma marca registrada da Osho International Foundation, www.osho.com/trademarks.

Todos os direitos reservados. Nenhuma parte desta obra pode ser reproduzida ou usada de qualquer forma ou por qualquer meio, eletrônico ou mecânico, inclusive fotocópias, gravações ou sistema de armazenamento em banco de dados, sem permissão por escrito, exceto nos casos de trechos curtos citados em resenhas críticas ou artigos de revistas.

A Editora Cultrix não se responsabiliza por eventuais mudanças ocorridas nos endereços convencionais ou eletrônicos citados neste livro.

Editor: Adilson Silva Ramachandra
Gerente editorial: Roseli de S. Ferraz
Produção editorial: Indiara Faria Kayo
Editoração eletrônica: Join Bureau
Revisão: Claudete Agua de Melo

Dados Internacionais de Catalogação na Publicação (CIP)
(Câmara Brasileira do Livro, SP, Brasil)

Osho
    Felicidade: a única prosperidade verdadeira / Osho; tradução Denise de Carvalho Rocha. – 1. ed. – São Paulo: Editora Cultrix, 2023.

    Título original: Happiness: the only true prosperity
    ISBN 978-65-5736-248-8

    1. Autoajuda 2. Conduta de vida 3. Desenvolvimento pessoal 4. Felicidade 5. Filosofia de vida I. Título.

23-152427   CDD-181

Índices para catálogo sistemático:
1. Felicidade: Conduta de vida: Filosofia de vida 181
Aline Graziele Benitez – Bibliotecária – CRB-1/3129

Direitos de tradução para o Brasil adquiridos com exclusividade pela
EDITORA PENSAMENTO-CULTRIX LTDA., que se reserva a
propriedade literária desta tradução.
Rua Dr. Mário Vicente, 368 — 04270-000 — São Paulo, SP — Fone: (11) 2066-9000
http://www.editoracultrix.com.br
E-mail: atendimento@editoracultrix.com.br
Foi feito o depósito legal.

Sumário

Introdução 9
Uma Nota sobre a Linguagem 15

A Linguagem Esquecida do Êxtase 17
   O veneno da ambição 30
   Mais do coração, menos da cabeça 35
   A separação torna você infeliz 39
   Deixe que a criatividade seja a sua oração 42

O Mistério Mais Próximo é o Seu 45
   Uma casa dividida 58
   O primeiro passo 60
   Seja a verdade que você é 64
   A chave secreta 69

O Medo de Encontrar a Si Mesmo 73

Você é incomparável 80

Toda verdade é individual 83

Livre-se da multidão 103

Felicidade e Drogas 107

O esquecimento e a lembrança de si mesmo 109

A droga só pode intensificar o seu estado de espírito......... 111

O "problema das drogas" 112

Felicidade é Viver Sem Escolhas 119

A vida é um ritmo de opostos 122

O testemunhar é você..................................... 129

Seja feita a tua vontade 135

Além da Tristeza..................................... 141

Respostas às Perguntas 145

Em algum lugar há um medo que me deixa fechado e endurecido, triste e desesperado, zangado e sem esperança. Esse sentimento parece tão sutil que eu nem entro em contato com ele. Como posso vê-lo com mais clareza?

Como posso ser eu mesmo?

Como uma pessoa pode ser feliz?

Sumário

Por que sempre crio infelicidade ao meu redor? Estou começando a ver que eu sempre acabo escolhendo esse mesmo círculo vicioso. Seria essa própria escolha a infelicidade?

Num sentido mais mundano, sou feliz em todos os sentidos. Mas ainda assim não estou feliz e não consigo descobrir o motivo da minha infelicidade. Por favor me oriente.

Muitas vezes chego a um ponto em que não vejo mais sentido, valor e significado na minha vida. Tudo o que eu começo me leva a esse ponto. E os rios e oceanos que eu conheço são rios e oceanos de ilusões, sonhos e fantasias, não têm nada a ver com o Tao. Por favor, você poderia me ajudar a entender todos esses círculos ilusórios?

Eu não tenho interesse em nada. Tudo parece sem sentido. Nada me empolga, nem me provoca ou desafia. Nada tem vida ou entusiasmo. Eu me senti assim durante toda a minha vida. Por que devo fazer isso ou aquilo se nada me satisfaz no final? Estou sempre tentando ficar alegre, fingindo sentir, parecendo animado, interessado e vivo. Estou sempre tentando ser corajoso, para superar alguns dos meus medos. Mas para quê? Estou cansado, sinto que "não estou aqui", e nem mesmo isso eu realmente sinto. Osho, onde estou?

Você poderia explicar sobre o caminho do coração e sobre como manter o equilíbrio, porque, quando estou no coração, às vezes me sinto feliz e às vezes me sinto triste.

Então não consigo ver muito bem como posso seguir o caminho do coração e ficar centrado.

Nos últimos dez dias, eu me senti extremamente feliz, como nunca antes. Apenas sendo eu mesmo e me aceitando como sou eu me senti muito bem. Às vezes, essa sensação incrivelmente boa é perturbada por dois pensamentos. Primeiro: isso vai continuar assim? Será que eu consigo manter esse sentimento no futuro? E segundo: por que só cheguei a esse estado agora que já estou ficando velho? Eu não consigo me esquecer e ainda lamento por todos esses anos em que simplesmente não vivi. Por favor, explique como me livrar dessas perturbações à minha felicidade.

Tudo Sobre Osho **213**

Introdução

Eu gostaria de saber se você está satisfeito com as coisas materiais ou se quer desenvolver a sua consciência. Aquele que está satisfeito com o mundo exterior sempre será basicamente infeliz. Esse tipo de vida é simplesmente uma vida de conveniência. Conveniência é apenas ausência de problemas, enquanto a verdadeira satisfação é alcançar a felicidade.

O que diz seu coração? Qual é o maior desejo da sua vida? Você já se fez essas perguntas? Se não fez, deixe-me perguntar agora. Se você me perguntasse, eu responderia que desejo atingir aquele estado em que não resta mais nada a ser alcançado. Não é essa a resposta que pulsa no âmago da sua alma também? Não faço essa pergunta apenas a você, eu já perguntei a mesma coisa a milhares e milhares de pessoas.

Segundo observei, todos os corações humanos são iguais e o maior desejo deles é o mesmo também. A alma quer felicidade, a felicidade pura e perfeita, porque só assim todos os desejos terão fim. Enquanto existir o desejo, existirá infelicidade, porque com o desejo não é possível haver paz.

A total ausência de desejo traz felicidade. Também traz liberdade e libertação, porque, sempre que algo está faltando, existem limites e dependência. Só quando absolutamente nada está faltando, existe a possibilidade de liberdade total. A liberdade traz felicidade. E a felicidade é a salvação.

O desejo pela felicidade total e pela liberdade suprema é latente em todos nós. Está na forma de uma semente. É como uma semente que contém uma árvore dentro dela. Do mesmo modo, a satisfação do desejo supremo do homem está oculto em sua própria natureza. Em seu estado perfeitamente desenvolvido, está a nossa natureza para ser feliz, para ser livre. Nossa natureza real é a única coisa que é verdadeira e somente aperfeiçoando-a podemos sentir completa satisfação.

Aquele que não procura satisfazer sua própria natureza comete o equívoco de achar que a prosperidade amenizará sua infelicidade. Mas a riqueza material nunca será capaz de preencher o seu vazio interior. Portanto, mesmo que uma pessoa atinja tudo o que é possível neste mundo, ela ainda vai sentir que está faltando alguma coisa. O cerne do seu ser vai continuar vazio. Como Buda uma vez disse: "É difícil satisfazer o desejo".

É estranho que, por mais que uma pessoa possa conquistar, ela nunca estará satisfeita. Mesmo depois de ter atingido seu objetivo, ela sempre ansiará por realizações maiores. E a pobreza dos mendigos e dos imperadores é a mesma. Nesse sentido não há diferença alguma entre eles.

Não importa os ganhos que uma pessoa tenha no mundo exterior, eles são instáveis. Podem ser perdidos, destruídos a qualquer momento, e a morte os reivindica. Portanto, não surpreende que o interior do coração de uma pessoa nunca seja preenchido por esse tipo de coisa, por coisas que podem ser tiradas com tamanha facilidade. Esse tipo de prosperidade nunca dará a ela a sensação de segurança, não importa o quanto se esforce para obtê-la. O que realmente acontece é que ela passa a ter de garantir a segurança das coisas que adquiriu.

É preciso entender muito bem que o poder exterior e a prosperidade nunca serão capazes de erradicar a sensação de querer, o sentimento de insegurança ou o medo. Iludir a si mesmo é a única maneira de camuflar esses sentimentos. A prosperidade é inebriante, ela esconde a realidade da vida. E esse tipo de esquecimento é muito pior do que a própria pobreza, porque impede que você faça alguma coisa para se livrar da sua verdadeira pobreza. A pobreza real não é causada pela ausência de nenhum objeto material nem pela falta de poder ou prosperidade, porque, mesmo que alguém se torne rico e poderoso, ela ainda existirá. Você nunca viu a pobreza de quem parece ter tudo? Seus fardos alguma vez já foram aliviados pelas suas posses materiais?

Há uma grande diferença entre prosperidade e a ilusão de prosperidade. Toda riqueza, poder e segurança exteriores são apenas sombras das verdadeiras riquezas que existem dentro de você. A razão básica para esse sentimento de pobreza não é o fato de você não conseguir alguma coisa externa; esse sentimento vem do afastamento de si mesmo. Portanto, ele não pode ser erradicado por nada que seja exterior. Só pode ser eliminado de dentro para fora.

A natureza do eu é a felicidade. Essa não é uma qualidade do eu, é a sua própria essência. A felicidade não é um relacionamento consigo mesmo; o eu é a própria felicidade. São apenas dois nomes para a mesma verdade. O que chamamos de eu é a felicidade do ponto de vista experiencial, por isso tenha cuidado para não confundir o que você conhece como felicidade com a felicidade de fato.

A verdadeira felicidade é o próprio eu. Quando ela for conquistada, a busca por todo o resto cessa. A conquista de um tipo falso de felicidade apenas intensifica a busca, e o medo de perder essa suposta felicidade perturba a paz de espírito. A água que aumenta a sede não é água de fato. Cristo disse: "Venham, deixem-me conduzi-los ao poço cuja água saciará sua sede para sempre".

Confundimos continuamente prazer com felicidade. O prazer é apenas o reflexo da felicidade. Mas a maioria das pessoas vive na ilusão de que é desse fantasma de felicidade que se trata a vida. E, naturalmente, acabam desiludidas. É como confundir o reflexo da lua com a própria lua e tentar segurá-la. Quanto mais fundo você mergulha num lago para agarrar a lua, mais distante fica da lua de verdade.

E do mesmo modo, na busca pelo prazer, as pessoas se afastam cada vez mais da felicidade. Esse caminho só leva à infelicidade. Você vê a verdade do que estou dizendo? Com certeza a sua vida deve ser um testemunho do fato de que a corrida pelo prazer só leva à infelicidade. Mas isso é muito natural. Externamente, o reflexo é idêntico à coisa original, mas não é a coisa de verdade.

Todos os prazeres contêm a promessa de felicidade e dão a certeza de eles são a própria felicidade, mas o prazer é só a sombra da felicidade. Aceitar o prazer como felicidade só pode resultar em fracasso e arrependimento. Como eu posso pegar alguém tentando agarrar a sombra dele? E mesmo se eu pegasse a sua sombra, o que eu teria nas mãos?

Deixe-me lembrá-lo também de que o reflexo é sempre contrário ao que está refletindo. Se eu ficar na frente de um espelho, meu reflexo será exatamente o contrário do modo como estou de fato. Isso também vale para o prazer. Ele é apenas o reflexo da felicidade. A felicidade é uma qualidade interior; o prazer é uma manifestação exterior, que só existe no mundo material.

Só a felicidade é bem-aventurança. Continue a sua busca por prazer e você descobrirá por si mesmo a verdade do que estou dizendo.

Todo prazer termina em infelicidade.

Mas aquilo em que algo se torna no final, ele era também no início. Como a sua visão não enxerga as coisas profundamente, o que você deveria ser capaz de perceber logo de início só fica aparente para você no final. Não é possível que aquilo que só tenha se revelado no final também não estivesse presente no início. O fim é apenas um desenrolar do que já existia no início. O que estava oculto no princípio se manifesta no fim.

Mas você vê as coisas na ordem inversa, se é que vê alguma coisa de fato. Repetidamente, você continua seguindo caminhos que o levam à infelicidade, à dor e ao arrependimento. Por que o homem faz sempre as mesmas coisas se ele toda vez acaba infeliz? Por quê? Talvez seja porque ele não vê outro caminho diante dele. É por isso que digo que sua visão é turva, distorcida; por isso questiono se você enxerga mesmo alguma coisa.

São muito poucas as pessoas que realmente usam os olhos. Todo mundo tem dois olhos, mas apesar disso, a maioria das pessoas é cega. A pessoa que não vê dentro de si ainda não usou seus olhos. Somente aquela que viu a si mesma pode realmente dizer que usou seus olhos. Se um homem não é capaz de ver a si mesmo, será que ele é mesmo capaz de ver alguma coisa?

Sua capacidade de ver só começa quando você vê o seu próprio eu. Quando uma pessoa vê a si mesma, ela começa a avançar na direção da felicidade. Ela não se volta mais para o prazer. E as outras pessoas podem sentir essa mudança nela. O prazer vai do eu para o mundo; a felicidade vai do mundo para o eu.

Uma Nota Sobre a Linguagem

Palavras faladas: os livros de Osho não são "escritos", mas transcrito das gravações de suas palestras. Essas conversas são extemporâneas, sem referência a notas que não sejam cópias de perguntas, histórias ou escrituras que ele foi convidado a comentar, ou anedotas que ele pode usar para enfatizar um ponto específico. Ele pediu aos seus editores que preservassem essa característica de palavra falada em seus livros impressos.

Pronomes: ao ouvi-lo falar, fica bem claro para o ouvinte que geralmente quando Osho fala "homem", ele está se referindo aos "seres humanos". Seu uso do pronome-padrão "ele" simplesmente serve para facilitar e seguir o fluxo da fala. De maneira alguma isso implica que o pronome "ela" (ou "eles") esteja sendo excluído ou desconsiderado.

É bom ter em mente o ponto de vista único de Osho:

Um meditador não é um homem nem uma mulher,
porque a meditação não tem nada a ver com o corpo;
nem tem nada a ver com a mente.
Na meditação você é simples e puramente consciência.
E a consciência não é nem masculina nem feminina.

A Linguagem Esquecida do Êxtase

O êxtase é uma linguagem que o homem esqueceu completamente. Ele foi forçado a esquecê-la, foi compelido a esquecê-la. A sociedade é contra, a civilização é contra. A sociedade faz um tremendo investimento na infelicidade. Ela depende dela, alimenta-se dela, sobrevive dela. A sociedade não é para os seres humanos. A sociedade está usando os seres humanos em benefício próprio. A sociedade tornou-se mais importante do que a humanidade. A cultura, a civilização, a Igreja, todas elas se tornaram mais importantes. Elas foram feitas para o homem, mas agora não são para o homem. Elas quase reverteram todo o processo: agora o homem existe para elas.

Toda criança nasce em êxtase. O êxtase é natural. Não é algo que só aconteça com grandes sábios. É algo que todo mundo traz consigo para este mundo; todo mundo vem com ele. Ele é o cerne mais profundo da vida. Faz parte de estar vivo. A vida é êxtase.

Toda criança o traz para o mundo, mas depois a sociedade salta sobre a criança, começa a destruir a possibilidade de êxtase, começa a tornar a criança infeliz, começa a condicionar a criança.

A sociedade é neurótica e não pode permitir a existência de pessoas em êxtase neste mundo. Elas são perigosas. Tente entender o mecanismo e as coisas vão ficar mais fáceis.

Você não pode controlar um homem em êxtase; é impossível. Você só pode controlar um homem infeliz. O homem em êxtase é natural que seja livre. Êxtase é liberdade. Ele não pode ser reduzido a um escravo. Você não pode destruí-lo com tanta facilidade; você não pode convencê-lo a viver numa prisão. Ele vai querer dançar sob as estrelas e caminhar com o vento e conversar com o sol e a lua. Ele vai precisar do vasto, do infinito, do imenso, do enorme. Ele não pode ser seduzido a viver numa cela escura. Você não pode fazer dele um escravo. Ele viverá sua própria vida e fará suas próprias coisas. Isso é muito difícil para a sociedade. Se existirem muitas pessoas em êxtase, a sociedade sentirá que está desmoronando, sua estrutura não vai aguentar mais.

Essas pessoas em êxtase serão os rebeldes. Lembre-se, eu não chamo uma pessoa em êxtase de "revolucionária"; eu a chamo de "rebelde". O revolucionário é aquele que quer mudar a sociedade, mas porque ele quer substituí-la por outra sociedade. O rebelde é aquele que quer viver como um indivíduo e gostaria que não existisse uma estrutura social

> O êxtase é rebelde.
> Não é
> revolucionário.

rígida no mundo. O rebelde é aquele que não quer substituir esta sociedade por outra sociedade, porque todas as sociedades provaram ser iguais. A capitalista e a comunista, e a fascista e a socialista... elas são todas primas-irmãs; não faz muita diferença. A sociedade é a sociedade. Todas as igrejas provaram ser iguais, a hindu, a cristã, a muçulmana.

Depois que uma estrutura se torna poderosa, ela não quer que ninguém viva em êxtase, porque o êxtase é contra a estrutura. Ouça e medite sobre isso: o êxtase é contra a estrutura. O êxtase é rebelde. Não é revolucionário.

O revolucionário é um homem político; o rebelde é um homem religioso. O revolucionário quer outra estrutura, de acordo com a vontade dele, com a sua própria utopia, mas ainda assim uma estrutura. Ele quer estar no poder. Ele quer ser o opressor e não o oprimido; ele quer ser o explorador e não o explorado. Ele quer governar e não ser governado. O rebelde é aquele que não quer ser governado nem quer regras. O rebelde é aquele que não quer nenhuma regra no mundo. O rebelde é anárquico. O rebelde é aquele que confia na natureza, não nas estruturas do homem, é aquele que confia que, se deixarem a natureza em paz, tudo será belo. É isso mesmo!

> O homem pode viver sem governantes, mas nunca lhe deram oportunidade; os governantes não vão lhe dar oportunidade.

Um universo tão vasto funciona sem nenhum governo. Animais, pássaros, árvores, tudo vive sem nenhum governo. Por que o homem precisa de um governo? Algo deve ter dado errado. Por que o homem está tão neurótico a ponto de não pode viver sem governantes?

Agora há um círculo vicioso. O homem pode viver sem governantes, mas nunca lhe deram oportunidade; os governantes não vão lhe dar oportunidade. Depois que você sabe que pode viver sem governantes, quem gostaria que eles existissem? Quem vai apoiá-los? Agora você está apoiando seus próprios inimigos. Você continua votando nos seus próprios inimigos. Dois inimigos estão numa disputa presidencial, e você escolhe. Ambos são iguais. É como se você tivesse liberdade para escolher a prisão, em qual prisão você quer viver. E você vota feliz: eu gostaria de ir para a prisão A ou B, porque acredito na prisão republicana, acredito na prisão democrata. Mas ambas são prisões. E depois que você apoia uma prisão, a prisão tem seu próprio investimento. Ela não vai permitir que você sinta o gosto da liberdade.

Assim, desde a infância, a criança não tem permissão para saborear a liberdade, porque, depois que ele sabe o que é a liberdade, ela não vai ceder, não vai fazer concessões; não vai estar disposta a viver em nenhuma cela escura. Vai preferir morrer do que permitir que alguém a reduza à escravidão. Vai ser assertiva. Claro que ela não vai estar interessada em se tornar poderosa e mostrar seu poder a outras pessoas. São tendências neuróticas, quando você está muito interessado em exercer poder sobre as pessoas. Isso

A Linguagem Esquecida do Êxtase   21

simplesmente mostra que no fundo você é impotente e está com medo de que os outros dominem você, se não se tornar poderoso.

Maquiavel diz que o melhor modo de defesa é o ataque. A melhor maneira de se proteger é atacar primeiro. Esses supostos políticos de todo o mundo, do Oriente, do Ocidente, são todos, no fundo, pessoas muito fracas, que sofrem de inferioridade, têm medo de que serão exploradas se não forem politicamente poderosas; então por que não explorar em vez de ser explorado? Os explorados e os exploradores, ambos estão navegando no mesmo barco; e os dois estão ajudando o barco, protegendo o barco.

Depois que a criança conhece o sabor da liberdade, ela nunca mais faz parte de nenhuma sociedade, de nenhuma igreja, de nenhum clube, de nenhum partido. Ela continuará sendo um indivíduo, ela continuará livre e criará um pulsar de liberdade ao seu redor. Seu próprio ser vai se tornar uma porta para a liberdade.

> Depois que a criança conhece o sabor da liberdade, ela nunca mais faz parte de nenhuma sociedade, de nenhuma igreja, de nenhum clube, de nenhum partido.

A criança não tem permissão para saborear a liberdade. Se a criança perguntar à mãe: "Mãe, posso ir lá fora? O sol está lindo, a brisa está fresca e eu queria dar uma volta no quarteirão", imediatamente, obsessivamente, compulsivamente, a mãe vai dizer: "Não!". A criança nem tinha pedido muito. Ele só queria sentir o sol da manhã, o ar fresco; queria aproveitar a luz do sol e a brisa e a companhia das árvores, ela não pediu nada! Mas compulsivamente, por alguma compulsão profunda, a mãe diz não. É muito difícil ouvir uma mãe dizer sim, muito difícil ouvir um pai dizendo sim. Mesmo que eles digam sim, dizem isso com muita relutância. Mesmo que digam sim, fazem com que a criança se sinta culpada, como se ela os obrigasse, como se estivesse fazendo algo errado.

Sempre que a criança se sente feliz, fazendo qualquer coisa, alguém se vê na obrigação de adverti-la: "Não faça isso!". Aos poucos, a criança entende: "Tudo que me faz feliz é errado". E, claro, ela nunca se sente feliz fazendo o que os outros lhe dizem para fazer, porque esse não é um desejo espontâneo nela. Portanto, ela descobre que ser infeliz é certo, ser feliz é errado. Essa se torna a associação profunda.

Se ela quiser abrir o relógio e ver o que há dentro dele, toda a família salta sobre ela: "Pare! Você vai destruir o relógio. Isso não se faz!". Ela estava apenas examinando o relógio, era uma curiosidade científica. Ela queria ver como o relógio funcionava. Que mal há nisso? E o relógio não é tão valioso quanto sua curiosidade, quanto a mente inquiridora da criança. O relógio é inútil, mesmo que seja destruído, nada vai ser destruído de fato, mas, depois que a mente inquiridora é destruída, muito será destruído. Essa criança nunca mais investigará a verdade.

Ou é uma bela noite e o céu está cheio de estrelas e a criança quer se sentar do lado de fora, mas é hora de dormir. Ela não está com sono, está bem acordada, com os olhos arregalados. A criança está intrigada. De manhã, quando ela está com sono, todo mundo fica atrás dela... "Levante da cama!". Quando ela estava dormindo, quando era tão bom ficar na cama, quando ela queria virar para o outro lado e dormir um pouco mais e sonhar um pouco mais, todo mundo fica contra ela: "Levante! É hora de levantar". Agora ela está bem acordada e quer apreciar as estrelas. É muito poético esse momento, muito romântico. Ela se sente emocionada. Como pode ir dormir com tanta emoção? Ela está tão animada, quer cantar e dançar, e eles estão forçando a criança a dormir: "Já são nove horas. É hora de dormir".

Ora, ela estava feliz acordada, mas é forçada a dormir. Quando está brincando, é obrigada a se sentar à mesa. Ela não está com fome. Quando está com fome, a mãe diz: "Não está na hora ainda". Assim vamos destruindo toda a possibilidade de êxtase, toda a possibilidade de ela ser feliz, alegre, encantada. Sempre que a criança se sente espontaneamente feliz parece estar errada e tudo o que ela não sente parece ser o certo.

Na escola, um pássaro de repente começa a cantar do lado de fora da sala de aula e a criança volta a sua atenção para o pássaro, é claro, não em direção ao professor de matemática, que está de pé diante do quadro-negro, com seu giz sem graça. Mas o professor é mais poderoso, politicamente mais poderoso do que o pássaro. Certamente, o pássaro não tem poder, mas tem beleza. O pássaro atrai a criança sem martelar na cabeça dela: "Atenção! Concentre-se em mim!". Não, simplesmente, espontaneamente, naturalmente, a consciência da criança começa a fluir para o lado de fora da janela. Ela é atraída na direção do pássaro. Seu coração está no pássaro, mas ela tem de olhar para o quadro-negro. Não há nada para olhar ali, mas ela tem de fingir.

A felicidade está errada. Onde quer que haja felicidade, a criança começa a ficar com medo de que algo vá dar errado. Se a criança está brincando com seu próprio corpo, é errado. Se a criança está brincando com seus próprios órgãos sexuais, é errado. E esse é um dos maiores momentos de êxtase na vida de uma criança. Ele gosta do seu corpo, é emocionante. Mas toda emoção tem de ser interrompida, toda alegria tem de ser destruída. É neurótico, mas a sociedade é neurótica.

O mesmo foi feito aos pais pelos pais deles e o mesmo estão fazendo aos seus filhos. Desse modo, uma geração continua destruindo a outra. Assim transferimos nossa neurose de uma geração para outra. O planeta inteiro se tornou um hospício. Ninguém parece saber o que é êxtase. Tudo está perdido. Foram criadas barreiras sobre barreiras.

Aqui observamos diariamente que, quando as pessoas começam a meditar e começam a sentir o aumento da energia e a se sentir felizes, elas imediatamente me procuram e dizem: "Uma coisa estranha está acontecendo. Estou me sentindo feliz e também estou me sentindo culpado, sem nenhum motivo". Culpado? As pessoas também ficam confusas. Por que alguém deveria se sentir culpado? Elas sabem que não há motivo, que não fizeram nada errado. De onde vem essa culpa? Ela vem daquele

A Linguagem Esquecida do Êxtase 25

condicionamento profundamente arraigado de que é errado sentir alegria. Ficar triste é bom, mas ser feliz não é permitido.

Uma vez eu morei numa certa cidade. O delegado era meu amigo, éramos amigos dos tempos da universidade. Ele costumava me procurar e dizer: "Sou tão infeliz... Me ajude a sair disso". Eu dizia: "Você me diz que quer sair disso, mas não vejo que queira realmente sair. Primeiro, por que você escolheu trabalhar na polícia? Você deve ser infeliz e querer que os outros também sejam".

Um dia, pedi a três dos meus discípulos que andassem pela cidade e dançassem em diferentes partes da cidade e fossem felizes. Eles perguntaram, "Para quê?". Eu disse: "Não perguntem, simplesmente façam o que estou pedindo". Dentro de uma hora, é claro, foram presos pela polícia. Liguei para o delegado e perguntei: "Por que você mandou prender os meus discípulos?".

Ele disse: "Essas pessoas pareciam loucas".

Perguntei a ele: "Elas fizeram algo errado? Fizeram mal a alguém?".

Ele disse: "Não, nada. Na verdade, não fizeram nada errado".

"Então por que você mandou prendê-las?"

Ele disse: "Mas elas estavam dançando nas ruas! E estavam rindo".

"Mas se não fizeram mal a ninguém, por que você tinha de interferir? Por que as prendeu? Elas não agrediram ninguém, não invadiram a propriedade de ninguém. Estavam apenas dançando. Pessoas inocentes, rindo."

Ele disse: "Você tem razão, mas é perigoso".

"Por que é perigoso? Ser feliz é perigoso? Estar em êxtase é perigoso?"

Ele entendeu e no mesmo instante mandou soltar aquelas pessoas. Veio correndo me procurar, dizendo: "Você pode ter razão. Não me permito ser feliz e também não permito que ninguém seja".

Esses são seus políticos, são seus delegados, são seus magistrados. Os júris, seus líderes, seus supostos santos, seus padres, seus papas são pessoas assim. Todos eles fazem um grande investimento em sua infelicidade. Eles dependem da sua infelicidade. Se você é infeliz, eles ficam felizes.

> Apenas uma pessoa infeliz vai ao templo rezar.

Apenas uma pessoa infeliz vai ao templo rezar. Uma pessoa feliz iria a um templo? Para quê? A pessoa feliz está tão feliz que ela sente Deus em toda parte! É disso que se trata a felicidade. Sua paixão pela existência é tão extasiante que, para onde quer que olhe, ela encontra Deus. Todos os lugares são o seu templo. E onde quer que ela se ajoelhe, de repente se encontra aos pés de Deus, nada mais. A admiração, a reverência dela, não precisa ser tão estreita a ponto de ela precisar ir a um templo hindu ou a uma igreja cristã. Isso é tolice, não faz sentido. Apenas pessoas infelizes, que não podem ver Deus, que não podem vê-lo numa flor desabrochando, não podem vê-lo num pássaro cantando, não podem vê-lo num arco-íris psicodélico, não podem vê-lo nas nuvens que flutuam no céu, não podem vê-lo nos rios e no oceano, não podem vê-lo nos belos olhos de uma criança, vão à igreja, vão à mesquita, vão ao templo, vão ao sacerdote, e perguntam: "Onde está Deus? Por favor, nos mostre".

Só pessoas infelizes ficam à mercê das religiões. Sim, Bertrand Russell estava quase certo quando disse que, se um dia o mundo for feliz, a religião desaparecerá. Digo *quase* certo, noventa e nove por cento certo. Eu não posso dizer cem por cento certo, porque conheço outro tipo de religião da qual Bertrand Russell não está ciente. Sim, essas religiões vão desaparecer – ele tem razão sobre estas religiões: a hindu, a cristã, a maometana, a jainista, a budista, elas vão desaparecer, certamente que vão. Se o mundo for feliz, é inevitável que desapareçam, porque quem vai se dar ao trabalho? Mas Bertrand Russel está apenas noventa e nove por cento certo; ele está um por cento errado. E esse um por cento é mais importante que os noventa e nove por cento, porque outro tipo de religião, a religião DE VERDADE – a religião em êxtase, a religião que não tem nome, a religião que não tem código, nem Bíblia, nem Alcorão, sem Vedas, uma religião que não tem escritura, não há nenhum adjetivo para ela, apenas uma religião de dança, uma religião de amor, de reverência, de bênção, uma religião *pura* – surgirá no mundo quando as pessoas forem felizes.

Na verdade, essas religiões que existem não são religiões. Elas são apenas sedativos, tranquilizantes. Marx também está certo, é claro – apenas noventa e nove por cento –, quando diz que a religião é o ópio das massas. Ele está certo. Essas religiões ajudam você a tolerar a infelicidade. Elas o ajudam, o consolam, lhe dão esperança de que "Sim, hoje você é infeliz, mas amanhã você será feliz". E esse amanhã nunca chega. Essas religiões dizem: "Nesta vida, você é infeliz, mas na próxima... Seja bom, tenha moral, siga as regras da sociedade – seja um escravo, seja obediente – e na próxima vida você vai ser feliz". E ninguém sabe nada sobre a próxima vida. Ninguém nunca vem e diz alguma coisa sobre isso. Ou, se se essas regiões não creem na vida após a morte, elas dizem: "Quando você for para a outra margem, para o céu, lá estará a sua recompensa".

Há uma conspiração entre o padre e o político. Eles são os dois lados da mesma moeda. Eles ajudam um ao outro. E ambos estão interessados em que você continue infeliz. Por isso o padre pode ter uma congregação e pode explorá-la, e o político pode forçá-lo a lutar numa guerra em nome da nação, em nome do Estado, em nome disto e daquilo – e isso é tudo loucura, mas ele pode mandar você para a guerra.

> Há uma conspiração entre o padre e o político.

Só os infelizes podem se alistar para lutar numa guerra; somente pessoas profundamente infelizes podem estar dispostas a lutar, podem estar dispostas a matar e ser mortas. Elas são tão infelizes que até a morte parece melhor do que a vida delas.

Ouvi dizer que Adolf Hitler estava conversando um dia com um diplomata britânico. Eles estavam no trigésimo andar de um arranha-céu e, para impressionar o diplomata, Hitler ordenou que um soldado alemão saltasse pela janela. E o soldado simplesmente pulou sem hesitar e, claro, morreu. O diplomata britânico mal podia acreditar. Era inacreditável! Ele ficou muito chocado. Por que desperdiçar uma vida? A troco de nada! E, para impressioná-lo ainda mais, Hitler ordenou a outro soldado, "Salte!" e o outro soldado saltou pela janela. E, para impressioná-lo ainda mais, ele ordenou a um terceiro soldado.

A essa altura, o diplomata já tinha voltado a si. Ele correu e deteve o soldado, dizendo: "O que está fazendo, acabando com a sua vida sem motivo algum?". O soldado respondeu: "Quem quer viver, senhor, neste país e sob o jugo deste homem insano? Quem quer viver com Adolf Hitler? É melhor morrer! A morte é a liberdade".

Quando as pessoas estão infelizes, a morte parece ser a liberdade. E, quando as pessoas estão infelizes, elas estão tão cheias de raiva, ira, que querem matar, até mesmo correndo o risco de também serem mortas. O político existe porque você é infeliz. Por isso o Vietnã pode continuar, Bangladesh, os países árabes. A guerra continua. Num lugar ou noutro, a guerra continua.

Esse estado de coisas precisa ser compreendido; por que ele existe e como você pode se livrar dele. A menos que você se livre dele, a menos que você entenda todo o mecanismo, o condicionamento – a hipnose em que você está vivendo –, a menos que o compreenda, o observe e o deixe de lado, você nunca ficará em êxtase e nunca será capaz de cantar a canção que veio cantar. Você vai morrer sem cantar a sua canção. Vai morrer sem dançar a sua dança. Vai morrer sem ter jamais vivido.

Sua vida é apenas uma esperança, não é uma realidade. Ela pode ser uma realidade.

O veneno da ambição

Essa neurose que vocês chamam de sociedade, civilização, cultura, educação, essa neurose tem uma estrutura sutil. A estrutura é esta: ela dá a você ideias simbólicas, para que a realidade aos poucos fique anuviada, torne-se anuviada, você não possa ver o real e comece a ficar apegado ao irreal. Por exemplo, a sociedade lhe diz para ser ambicioso; ajuda-o a se tornar ambicioso. Ambição significa viver na esperança, viver no amanhã. Ambição significa sacrificar o hoje em favor do amanhã.

Hoje é tudo o que existe; o agora é o único tempo que você tem e sempre terá. Se você quer viver, é agora ou nunca.

A sociedade torna você ambicioso. Desde a infância, quando você vai para a escola e a ambição é incutida em você, você está envenenado: fique rico, torne-se poderoso, torne-se alguém. Ninguém lhe diz você que você já tem a capacidade de ser feliz. Todo mundo diz que você só pode ter a capacidade de ser feliz se

> A felicidade não é uma conquista. Ela é a sua natureza.

cumprir certas condições (se tiver dinheiro, uma casa grande, um carro grande, isso e aquilo), só assim você pode ser feliz.

A felicidade não tem nada a ver com essas coisas. A felicidade não é uma conquista. É a sua natureza. Os animais são felizes sem ter dinheiro. Eles não são os Rockefeller. E nenhum Rockefeller é tão feliz quanto um veado ou um cão. Os animais não têm poder político, eles não são primeiros-ministros nem presidentes, mas eles são felizes. As árvores são felizes; caso contrário, teriam parado de florescer. Elas ainda florescem; a primavera ainda vem. Elas ainda dançam, ainda cantam, ainda derramam seu ser aos pés do divino. A oração delas é contínua; sua adoração está sempre acontecendo. E elas não vão a nenhuma igreja; não há necessidade. Deus vai até elas. No vento, na chuva, no sol, Deus vai até elas.

Só o homem não é feliz, porque o homem vive na ambição e não na realidade. A ambição é um truque. É um truque para distrair a mente. A vida simbólica foi substituída pela vida real.

Observe a ambição na vida. A mãe não pode amar a criança tanto quanto a criança quer que a mãe a ame, porque a mãe passa a vida na cabeça. A vida dela não foi de realização. Sua vida amorosa foi um desastre. Ela não foi capaz de florescer. Ela viveu na ambição. Tentou controlar seu homem, possuí-lo. Ela sentiu ciúmes. Não foi uma mulher amorosa. Se ela não foi uma mulher amorosa, como pode de repente ser amorosa com a criança?

Eu estava lendo um livro de R. D. Laing. Ele me enviou seu novo livro há apenas dois, três dias, *The Facts of Life*. No livro ele se refere a um experimento no qual um psicanalista perguntou a muitas mães: "Quando seu filho estava para nascer, você estava realmente de bom humor, estava pronta para aceitar a criança?". Ele tinha feito um questionário. A primeira pergunta: "Essa criança foi acidental ou você desejou essa criança?". Noventa por cento das mulheres disseram: "Foi acidental; não a desejamos". Em seguida, "Quando a gravidez aconteceu, você ficou hesitante? Você queria a criança ou queria um aborto? Você estava certa quanto a isso?" Muitas delas disseram que hesitaram por meses entre fazer um aborto ou ter o filho. Então a criança nasceu – elas não tinham conseguido decidir. Talvez por causa de outras questões – talvez a religião: podia torná-las pecadoras; podia fazer com que fossem para o inferno. Elas podiam ser católicas ou hindus ou jainistas, e a ideia de violência, de que aborto é violência, impediu-as de fazer um aborto. Ou questões sociais. Ou o marido queria o filho. Ou gostariam de ter um filho para dar continuidade ao ego dos pais. Mas a criança não foi desejada. Raramente havia uma mãe que dizia: "Sim, a criança foi bem-vinda. Eu estava esperando por ela e estava feliz". E, mesmo entre as que diziam isso, o psiquiatra escreveu: "Não tínhamos certeza se essas mães estavam sendo sinceras. Elas podiam estar mentindo".

Ora, nasce uma criança que não é bem-vinda. Desde o princípio, a mãe se perguntou se queria tê-la ou não. Isso causa repercussões. A criança sente essas tensões. Quando a mãe pensava em abortar a criança, a criança deve ter se sentido magoada. A criança faz parte do corpo da mãe; cada vibração chega à criança. Ou quando a mãe pensa e hesita e fica no limbo do que fazer ou não fazer, a criança também sente um tremor, uma inquietação – ela está entre a morte e a vida. E então, de algum modo, a criança nasce, e a mãe pensa que é apenas acidental – eles tinham tentado controle de natalidade, tentado isso e aquilo, e tudo falhou e a criança está ali – então a pessoa tem de tolerar. Essa tolerância não é amor.

A criança sente falta de amor desde o início. E a mãe também se sente culpada porque não está dando tanto amor quanto seria o natural. Então ela começa a substituir. Ela força a criança a comer demais. Ela não pode preencher a alma da criança com amor; ela tenta encher o corpo dela com comida. É um substituto. Dá para ver. As mães são obsessivas. A criança diz: "Não estou com fome" e as mães continuam forçando. Elas não têm nada a ver com a criança; não ouvem a criança. Elas estão substituindo: elas não podem dar amor, então elas dão comida. Então a criança cresce, elas não conseguem amá-la; elas lhe dão dinheiro. O dinheiro torna-se um substituto para o amor.

E a criança também aprende que o dinheiro é mais importante do que o amor. Se você não tem amor, não há com o que se preocupar, mas você precisa ter dinheiro. Na vida ela se tornará gananciosa. Ela vai atrás do dinheiro como uma louca varrida. Ela não vai se preocupar com o amor. Vai dizer, "Primeiro o mais importante. Eu preciso primeiro ter um bom saldo no banco. Preciso ter muito dinheiro; só então poderei me doar para o amor".

Ora, o amor não precisa de dinheiro; você pode amar como você é. E se você acha que o amor precisa de dinheiro e vai atrás do dinheiro, um dia você pode ter dinheiro e, de repente, se sentirá vazio porque todos os anos foram desperdiçados acumulando dinheiro. E eles não são apenas desperdiçados! Todos esses anos foram anos sem amor, então você não praticou nenhum amor. Agora o dinheiro está lá, mas você não sabe amar. Você esqueceu a própria linguagem do sentimento, a linguagem do amor, a linguagem do êxtase.

Sim, você pode comprar uma mulher bonita, mas isso não é amor. Você pode comprar a mulher mais bonita do mundo, mas isso não é amor. E ela virá até você não porque o ama; ela virá até você por causa do seu saldo bancário.

O Mulá Nasruddin estava apaixonado por uma mulher; muito caseira e comum, mas tinha muito dinheiro e era a única filha do seu pai, e o pai era velho e moribundo. O Mulá estava profundamente apaixonado pela mulher e um dia ele foi até ela muito animado, porque o pai dela estava rapidamente se aproximando da morte, e o Mulá disse: "Estou morrendo".

O Mulá disse à mulher: "Estou morrendo; não posso viver sem você nem por um instante".

Ela disse: "Tudo bem, mas tenho más notícias para você. Meu pai fez um testamento e doou todo o dinheiro a um fundo e não vou receber dinheiro algum. Mulá, você ainda me ama?.

O Mulá disse: "Eu te amo e sempre te amarei, embora nunca mais vou poder vê-la. Mas sempre vou te amar e vou sempre me lembrar de você!".

Todo amor desaparece. Isso é simbólico; o dinheiro é um símbolo. O poder, o poder político, é um símbolo. A respeitabilidade é um símbolo. Não são realidades; são projeções humanas. Não são objetivas; não têm objetividade. Não existem de fato. São apenas sonhos projetados por uma mente infeliz. Se você quiser viver em êxtase, terá de abandonar o simbólico. Libertar-se do simbólico é libertar-se da sociedade. Libertar-se do simbólico é tornar-se um buscador da verdade. Para se libertar do simbólico, você precisa tomar coragem para entrar no que é de verdade. E só o que é de verdade é real. O simbólico não é real.

Mais do coração, menos da cabeça

O que é êxtase? Algo a ser alcançado? Não. Algo que você tem de ganhar? Não. Algo que você tem de se tornar? Não. Êxtase é "ser" e "tornar-se" é infelicidade. Se você quiser se tornar alguma coisa, você será infeliz. Tornar-se é a própria causa da miséria. Se você quiser viver em êxtase, tem de viver só agora, aqui e agora, neste exato momento. Olhe para mim. Neste exato momento, ninguém está barrando o seu caminho, você pode ser feliz. A felicidade é tão óbvia e tão fácil! É a sua natureza. Ela já está dentro de você. Apenas dê uma chance para que ela possa florescer, desabrochar.

> Êxtase é "ser" e "tornar-se" é infelicidade.

O êxtase não é da cabeça, lembre-se. O êxtase é do coração. O êxtase não é do pensamento; é do sentimento. E você foi privado do sentimento. Você foi cortado do sentimento. Você não sabe o que é sentimento. Mesmo quando diz "eu sinto", você só acha que sente. Quando você diz: "Estou me sentindo feliz", observe, analise e você descobrirá que você *pensa* que está se sentindo feliz. Até mesmo o sentir tem de passar pelo pensamento. Tem de passar pelo censor do pensar; somente quando o pensamento o aprova, ele é permitido. Se o pensamento não o aprova, ele é lançado no inconsciente, no porão do seu ser, e esquecido.

Torne-se mais do coração, menos da cabeça. A cabeça é apenas uma parte, o coração é todo o seu ser. O coração é a sua totalidade. Então, sempre que você for total em alguma coisa, você funciona a partir do sentimento. Sempre que você for parcial em alguma coisa, você funciona a partir da cabeça.

Observe um pintor pintando – e essa é a diferença entre um verdadeiro artista e um técnico. Se o pintor é apenas um técnico que conhece a técnica de pintar, que conhece o *know-how*, que sabe tudo sobre cores, pincéis e telas, e que fez cursos de pintura, ele funcionará pela cabeça. Ele será um técnico. Ele pintará, mas não estará totalmente na pintura. Depois observe um verdadeiro artista, que não é um técnico. Ele vai ficar absorvido pela pintura, inebriado. Ele não pintará só com a mão, não só pintará com a cabeça. Ele vai pintar com todo o seu ser: suas entranhas estarão envolvidas na pintura, seus pés também, seu sangue e seus ossos também, sua medula. Tudo estará envolvido na pintura. Você pode observar, você pode ver, você pode sentir que ele está totalmente nela, perdido. Nada mais existe. Ele está inebriado. Nesse momento, ele nem existe mais. Ele não é um agente. A cabeça é um agente. Naquele momento de absorção total, ele não é um agente; ele é apenas uma passagem, como se Deus estivesse pintando através dele.

Quando você se depara com uma dançarina – uma dançarina de verdade, não aquela que é uma *performer*, você vai ver que ela não está dançando. Não. Algo do além está dançando nela. Ela está totalmente na dança.

Dizem do grande dançarino Nijinsky que havia momentos em que ele dava um salto tão alto que era fisicamente impossível – a gravidade não permitiria um salto tão alto. Toda hora lhe perguntavam: "Como você faz isso?" e ele dizia: "Eu fico tão surpreso quanto vocês. E eu não consigo fazer isso *por mim mesmo*. Quando tento fazer, nunca acontece, eu fico muito aquém, mas quando estou na dança e completamente absorto, quando eu não estou presente! – acontece, como se a gravidade de repente não existisse mais. Eu passo a não ter peso, não sinto nenhum peso, como se algo começasse a me puxar para cima em vez de para baixo".

Esse puxão para cima é conhecido no yoga como levitação. Sim, isso acontece na meditação também. Sem saber, Nijinsky estava dançando em profunda meditação. A dança era tão total que ele se tornava um meditador e a levitação acontecia.

Sempre que você está totalmente em alguma coisa, você está em êxtase. Quando está parcialmente em alguma coisa, você permanecerá infeliz, porque uma parte estará se movendo separadamente do todo. Haverá uma divisão – uma separação, uma tensão, ansiedade.

Se você ama com a cabeça, seu amor não vai provocar nenhuma experiência de êxtase. Se você meditar com a cabeça...

Outra noite, uma mulher ocidental estava me dizendo que veio aqui porque viu muitas pessoas vindo e tendo a vida transformada e que passaram a viver muito felizes. Por isso ela também veio, para também ser feliz. Ela está meditando, mas nada está acontecendo. Ela está se esforçando, mas nada está acontecendo. Eu disse a ela: "Nada vai acontecer. Você está começando do lugar errado. Sua motivação é a barreira: você veio pela cabeça. Aquelas pessoas não vieram com um motivo, com ganância. Você veio com um motivo, com ganância. Sua mente já está envenenada; você veio com uma ideia e está esperando ela acontecer. Ela nunca vai acontecer, porque você nunca vai se permitir ficar totalmente nela. Um observador vai ficar ao lado observando, 'já aconteceu ou não?'"

> Sempre que você está totalmente em alguma coisa, você está em êxtase.

Eu costumava ir a um rio para nadar, e eu adorava. Sempre que eu voltava, um dos meus vizinhos sempre ficava me observando, e ele via que eu estava em êxtase. Um dia ele perguntou: "O que acontece? Sempre vejo você indo ao rio e durante horas você nada no rio e fica no rio. Eu também vou porque você parece tão feliz...". Eu disse: "Por favor, não vá. Você não vai compreender e o rio vai ficar muito triste. Não, não vá, porque sua própria motivação será uma barreira. Você pode nadar, mas estará observando quando essa felicidade acontecer. Ela nunca vai acontecer, porque ela só acontece quando você não está presente".

Nadar pode se tornar uma meditação, correr pode se tornar uma meditação – qualquer coisa pode se tornar uma meditação – se você não estiver presente. O êxtase é do coração, é da totalidade.

> Nadar pode se tornar uma meditação, correr pode se tornar uma meditação – qualquer coisa pode se tornar uma meditação.

A separação torna você infeliz

Agora olhe isto: a infelicidade separa você; a separação torna você infeliz. Eles estão juntos; eles são um pacote só. Sempre que está infeliz, você de repente se separa. É por isso que o ego não pode se dar ao luxo de ser feliz, porque, se você se tornar feliz, o ego não pode existir, você não está mais separado. O egoísta não pode ficar em êxtase. Como ele pode se dar ao luxo de ficar em êxtase, se em êxtase, o ego não existirá? Isso é demais para ele. Ele gostaria de permanecer infeliz. Ele criará mil e uma infelicidades ao seu redor apenas para ajudar o ego a existir.

Você já observou? Quando você está muito feliz, seu ego desaparece. Quando está realmente feliz, de repente você sente uma profunda "uni-ficação" com o todo. Quando você está infeliz, você quer ficar sozinho; quando está feliz, você quer compartilhar.

Quando o Buda se sentiu infeliz, ele foi para a floresta, fugiu do mundo. O que aconteceu depois de seis anos? Quando ele ficou em êxtase, ele voltou, foi novamente para o mercado. Quando Mahavira estava infeliz, miserável, ele fugiu do mundo, renunciou ao mundo. Quando ficou feliz, ele voltou para o mundo.

> Quando você está infeliz, você quer ficar sozinho; quando está feliz, você quer compartilhar.

Mas os jainistas não falam sobre Mahavira voltando para o mundo; eles só falam sobre a renúncia. Suas escrituras apenas dizem que ele renunciou ao mundo. Essa é apenas metade da história – não é o apogeu, apenas o começo da história. Sim, durante doze anos ele viveu sozinho na floresta, sem proferir uma única palavra. Ele estava tão infeliz que se separou de todo o mundo. Ele permaneceu solitário. Então um dia veio a primavera e as flores começaram a desabrochar e ele ficou cheio de êxtase. Ele voltou para o mundo. As escrituras jainistas não mencionam isso — e essa é a parte real da história, a parte mais significativa em que ele volta ao mundo, anda entre as pessoas, depois volta a falar, volta a cantar e novamente passa a se comunicar, compartilhar. Tudo o que ele alcançou deve ser compartilhado.

Na infelicidade você é como uma semente. Em êxtase você se torna uma flor e sua fragrância, claro, tem que ser lançada aos ventos.

Você pode ver isso na sua vida também, de um modo pequeno, é claro. Quando você está infeliz, você fecha as portas, não quer ver os amigos, não quer ir a lugar nenhum, não quer participar de nada. Você diz: "Me deixem em paz. Por favor me deixem em paz". Quando alguém se torna muito, muito infeliz, comete suicídio. Qual é o significado disso? O que é suicídio? O suicídio é apenas um esforço para se afastar a tal ponto do mundo que não é possível mais voltar. É mover-se para a solidão de modo *absoluto*, irrevogável, de modo que você não possa mais voltar. Suicídio é isso.

Você já ouviu falar de algum homem que tenha se suicidado quando estava feliz, quando estava em êxtase, quando estava dançando? Não, quando a dança surge, você explode, você escancara as portas, você liga para os amigos, liga para os vizinhos, e diz: "Venham. Eu vou dar uma festa e vamos dançar e nos divertir um pouco. Eu tenho muito para compartilhar e gostaria de dividir isso com vocês". E quem chega à sua porta, você cumprimenta, você recebe. Qualquer um é bem-vindo no momento em que você está feliz. Quando você está infeliz, mesmo aqueles que sempre foram bem-vindos não são mais bem-vindos.

Deixe que a criatividade seja a sua oração

"Deus é o criador" – todas as religiões do mundo têm falado sobre isso, mas ninguém parece ter entendido direito o que significa, qual é a sua implicação. "Deus é o criador" – se isso é verdade, então somente por meio da criação você pode chegar perto dele; não há outro caminho. Se Deus é o criador, então torne-se criativo e a criatividade será sua oração. Pinte, cante, dance, faça uma poesia, esculpa uma estátua – qualquer coisa –, mas seja criativo. Cultive um jardim. Qualquer coisa, pequena ou grande, tanto faz. A questão não é a proporção – qualquer coisa, mas seja criativo.

Se você estiver cozinhando, cozinhe usando a sua criatividade, torne essa atividade cada vez mais artística. Não continue cozinhando como faz de rotina. Que preparar a comida seja a sua poesia; a sua escultura, que seja a sua música. O que quer que você esteja fazendo, seja criativo, traga o novo. Continue explorando o desconhecido. Inove, invente, descubra, crie alguma coisa, porque, se Deus é o criador, sempre que você é criativo, você se aproxima dele. Sempre que você é criativo, Deus é o criador em você.

Porém, até hoje as pessoas religiosas têm vivido de maneira muito pouco criativa; elas não criam. Elas simplesmente se afastam do mundo. Elas não fazem poemas; não pintam quadros; não esculpem estátuas. Elas simplesmente se tornam distantes; ficam sem criatividade. Não ser criativo é ir contra Deus.

Uma história:

Ouvi falar de um soldado na Segunda Guerra Mundial que largou seu rifle no campo de batalha e correu para pegar um pedaço de papel, examinou-o avidamente, depois sacudiu tristemente a cabeça quando o papel caiu no chão. Hospitalizado, ele permaneceu mudo, com uma compulsão obscura e intratável. Ele vagou desamparado pela ala psiquiátrica, pegando pedaços de papel, cada vez com uma expressão de esperança evidente e depois de um desânimo inevitável. Declarado inapto para o serviço, ele recebeu um dia sua dispensa do exército. Ao receber o formulário de dispensa, ele voltou a falar. "É isso!", ele gritou em êxtase. "É isso!"

O êxtase é a liberdade suprema, e por isso a pessoa simplesmente grita de alegria: "É isso! É isso! Eureca! Eu encontrei!".

E a ironia é que você não precisa ir a lugar nenhum para encontrá-lo. Ele já está em você. É o próprio cerne, o seu próprio ser. Se você decidir encontrá-lo, pode encontrá-lo neste exato momento. Não precisa adiá-lo nem um único instante. Uma sede intensa pode abrir a porta. Uma grande urgência pode torná-lo livre agora mesmo.

O Mistério Mais Próximo é o Seu

Uma história sufi:
Os filósofos, lógicos e doutores em direito foram chamados no tribunal para examinar o Mulá Nasruddin. Era um caso grave porque ele tinha admitido ter ido de aldeia em aldeia dizendo: "Os supostos sábios são ignorantes, indecisos e confusos". E ele foi acusado de pôr em risco a segurança da nação.

"Você pode falar primeiro", disse o rei.

"Tragam papel e canetas", disse o Mulá. Papel e canetas foram trazidos. "Dê uma folha e uma caneta a cada um dos primeiros sete sábios." Eles foram distribuídos. "Peça que escrevam separadamente uma resposta para esta pergunta: O que é pão?" Isso foi feito. Os papéis foram entregue ao rei, que os leu.

O primeiro dizia: "Pão é um alimento".

A segunda, "É farinha e água".

A terceira, "Um dom de Deus".

A quarta, "Massa assada".

O quinto, "Mutável, dependendo do que você quer dizer com pão".

A sexta, "Uma substância nutritiva".

O sétimo, "Ninguém realmente sabe".

"Quando eles decidirem o que é o pão", disse Nasruddin, "vão conseguir decidir outras coisas. Por exemplo, se estou certo ou errado. Você pode confiar questões de avaliação e julgamento a pessoas assim? É ou não é estranho que eles não consigam concordar sobre algo que comem todos os dias e, ainda assim, serem unânimes em dizer que eu sou um herege?"

Seu conhecimento torna-se uma defesa: é uma segurança contra a sua ignorância.

Sim, essa é a situação dos seus supostos filósofos, teólogos, doutores em direito – as pessoas instruídas. São papagaios. Elas não sabem nem sequer quem são. O que mais podem saber? Nem conhecem a si mesmas. Como podem conhecer os outros? Não desvendaram o mistério que eles próprios são.

O mistério mais próximo é o seu. Se nem isso você conhece, como vai conhecer o mistério dos outros? Esses mistérios estão mais longe de você; eles estão distantes. O mais fácil de abordar, o mais acessível, é o seu próprio mistério. A jornada tem de começar a partir daí.

As pessoas instruídas (os especia-
listas, os estudiosos, os professores)
são apenas mais bem informadas. Mas
a informação não torna ninguém sábio. Sim, ajuda você a fingir sabedoria. Torna-se uma camuflagem; é uma
fachada atrás da qual você pode esconder sua ignorância. Mas seu conheci-

> *Quando você
> usa palavras
> como Deus,
> você sabe o que
> está dizendo?*

mento torna-se uma defesa: é uma segurança contra a sua
ignorância. Mas a ignorância não é destruída pelo conhecimento;
pelo contrário, é protegida.

Seu conhecimento se torna uma defesa: é uma segurança para
a sua ignorância; é um alimento. Você se torna totalmente inconsciente de que é ignorante; esse é o propósito do seu suposto conhecimento. E isso é perigoso. Se você não sabe que está doente, então
não há possibilidade de buscar a saúde. Se você vive alheio ao fato
da sua ignorância básica, como vai se tornar iluminado um dia? Se
você se esqueceu de que seu interior está cheio de escuridão, você
não buscará a luz; você não se empenhará para criar luz. Se você já
aceitou que sabe, então para que buscar a aventura de saber?

E é isso que o seu suposto conhecimento continua fazendo.
Ele não transforma o ignorante em conhecedor; ele só causa uma
ilusão de conhecimento. É uma miragem. É um sonho em que
você se torna sábio. Porém, na realidade você continua o mesmo.

A diferença entre o ignorante e o suposto erudito é apenas de
quantidade. Não há nenhuma diferença qualitativa entre eles. O

ignorante é menos informado, menos polido, menos educado. O instruído está mais informado, mais instruído, leu mais, ouviu mais pessoas. A diferença é de linguagem. O instruído é mais articulado, sabe muito mais palavras. Mas elas são meras palavras, lembre-se. Não significam nada; não podem significar, porque o significado vem da experiência.

Você pode aprender todas as palavras de peso — elas estão nos dicionários. É assim que você continua usando palavras. Quando você usa palavras como *Deus*, você sabe o que está dizendo? Você sabe o que ela significa? O que é Deus? É uma mera palavra para você e continuará sendo uma mera palavra. Mas por trás da palavra há um perigo; você pode começar a acreditar que sabe, porque você conhece a palavra.

Conhecer a palavra *Deus* não é conhecer Deus. Conhecer a palavra *amor* não é conhecer o amor. Conhecer a palavra *fogo* não é saber como acender uma chama. Lembre-se, as palavras são meros símbolos. A menos que você a infunda de um sentido existencial, elas permanecerão vazias. Não há nenhum significado intrínseco nas palavras; o significado está no indivíduo e na experiência dele.

Se Krishna usa a palavra *Deus*, ela não é uma mera palavra. É significativa, tem significância. A significância vem da vida de Krishna, emana da consciência de Krishna. Quando Jesus usa a palavra *Deus*, ela é de total importância, está repleta de um grande significado. O significado está em Jesus, não na palavra *Deus*, porque a palavra *Deus* tem sido usada por rabinos, ao longo dos tempos, com nenhum significado. Jesus infundiu significado nessa palavra. Ele transformou uma palavra vazia em algo significativo e vivo; ela se tornou pulsante. Quando Buda tocava qualquer palavra, ela se tornava viva, adquiria asas. De repente, acontecia uma metamorfose.

Mas o erudito está apenas cheio de poeira, a poeira que ele acumulou dos livros, das escrituras. Cuidado com esse aprendizado; ele é mais perigoso do que a simples ignorância. Por que é mais perigoso do que ignorância? Porque a ignorância tem uma pureza. Tem inocência e tem uma autenticidade. Ela é verdadeira, e da verdade há uma possibilidade de ir mais longe. O conhecimento, o chamado conhecimento, é falso. Da inverdade você não pode sair numa jornada rumo à verdade.

Lembre-se, não existe diferença real entre a pessoa instruída e a ignorante, exceto que o erudito acredita que sabe e o ignorante sabe que não sabe. Mas por isso o ignorante está numa posição melhor.

Uma senhora americana que não falava francês leva sua filha pequena ao zoológico de Paris. Elas param em frente a uma jaula com porcos-espinhos e leem uma placa que diz, Porcupi Africain, Porcupi Australian.

Isso as deixa intrigada, porque todos os porcos-espinhos parecem praticamente iguais. Então a mãe vai até o guarda, que está parado ali perto, e diz: "Monsieur, o senhor fala inglês?".

O guarda toca o quepe e diz: "Madame, eu falo bem pouco inglês. O que a senhora deseja saber?".

"O senhor poderia nos dizer, por favor, qual é a diferença entre o porco-espinho australiano e o porco-espinho africano?"

"É o seguinte, senhora: a pica do porco-espinho africano é maior do que a pica do porco-espinho australiano."

A senhora fica horrorizada e se afasta rápido com a filha até encontrar o superintendente do zoológico.

"Monsieur", ela diz, "o senhor fala inglês?"

"Madame", diz o superintendente, "falo inglês há muitos anos. Estudei em Oxford e, na verdade, falo tão bem quanto a senhora. O que a madame deseja saber?"

Então ela conta a ele, com muita indignação, a coisa horrível que o guarda tinha acabado de dizer na frente dela e da sua filhinha.

"A madame não precisa se ofender", diz o superintendente. "Veja bem, o que o guarda estava tentando dizer é que o espinho do porco-espinho africano é mais comprido do que o espinho do porco-espinho australiano. Agora, na verdade, madame, a pica dos dois animais é do mesmo tamanho."

Não há muita diferença entre os chamados instruídos e os incultos. Talvez a diferença sejam as palavras, a linguagem, mas não a qualidade. Sua qualidade interior permanece a mesma.

Este é um dos fundamentos a serem compreendidos: o conhecimento é fútil se não surgiu da própria experiência. O conhecimento é um fardo totalmente desnecessário se não fizer parte da sua própria vida. Se ele foi algo que você adquiriu de fora, solte-o. Não o carregue desnecessariamente. Ele é inútil, é prejudicial, é venenoso, um fardo. Ele não permitirá que você se mova com rapidez e agilidade. E quanto mais conhecimento você acumular, menor é a possibilidade da sua movimentação.

Portanto, seus eruditos vivem como poças estagnadas; eles não são mais como rios. Os instruídos continuam falando belas palavras, dando voltas, tecendo grandes filosofias em torno delas. Porém, se você entrar em suas palavras e for fundo, sempre vai encontrar um vazio e nada mais.

Grandes livros são escritos sobre Deus, por pessoas sem nenhuma noção. Grandes livros são escritos sobre o céu e o inferno; até mapas do céu e do inferno foram desenhados por pessoas que não sabem coisa alguma. Elas nem sondaram ainda seu próprio mundo de emoções, sentimentos; não entraram em contato com a sua própria consciência interior. E estão falando sobre coisas distantes – vida após a morte. São pessoas inteligentes, sabem falar; sabem provar; sabem argumentar. Argumentam de uma maneira tão bonita que qualquer um pode ser enganado. Se você estudar o argumento delas, achará muito válido. Mas a validade do argumento é irrelevante. A questão é se a pessoa sabe ou não.

Às vezes acontece de uma pessoa saber, mas não consegue ter argumentos ou argumenta mal. Uma pessoa às vezes sabe, mas não tem linguagem para expressar o que sabe ou usa a linguagem errada, mas ainda assim o que ela diz é verdadeiro. O argumento dela pode ser falso, a linguagem pode não ser adequada, mas ainda assim o que ela diz é verdadeiro. E no outro extremo há pessoas em cuja linguagem você não consegue encontrar falhas: a argumentação delas é perfeita; são indivíduos lógicos consumados.

Você não consegue argumentar com elas; elas vão silenciá-lo imediatamente. Ainda assim, o que estão dizendo é absolutamente idiota, não faz sentido nenhum. É apenas a mente delas; o coração está totalmente intocado. Elas mesmas não se comovem com o que estão dizendo! Quando falam de Deus, não há um sumo fluindo do seu ser. Quando falam de amor, você não vê nenhum sinal nos olhos delas e, quando falam de poesia, não há poesia na presença delas. Elas falam sobre graça, mas você não verá nenhuma graça em nenhum lugar.

Mas elas podem criar um grande tumulto com suas palavras; podem criar uma grande fumaça com suas palavras. E, se você também vive das palavras, há uma grande possibilidade de ser enganado. É por isso que milhões de pessoas estão perdidas – os cegos estão guiando outros cegos. Os cegos mais articulados estão conduzindo os cegos pouco articulados; os cegos informados estão guiando os cegos desinformados.

E sempre que nasce um homem com olhos (um Jesus, um Buda, um Bahauddin, um Hakim Sanai), todos esses estudiosos e eruditos entram imediatamente em acordo com relação a uma coisa: que Jesus está errado. Eles podem não concordar sobre o que é o pão, podem não concordar sobre qualquer outra coisa, mas sobre uma coisa eles imediatamente concordam: que Jesus está errado. Eles podem ser hindus; podem ser muçulmanos; podem ser judeus; podem ser qualquer pessoa. Mas quando aparece um homem como Jesus, todos eles imediatamente concordam, porque todos veem o risco; se Jesus está certo, então eles estão todos errados. É preciso provar que Jesus está errado. E se eles não puderem provar que ele está errado (e eles não podem), então Jesus tem de ser destruído. Se eles não podem provar que ele está errado, então o único jeito é eliminar Jesus da vida das pessoas.

E depois que Jesus é morto, as mesmas pessoas que mataram Jesus vão se tornar seguidoras de Jesus: papas, bispos e sacerdotes. Novamente estarão lá para filosofar. Com Jesus há problema, mas com as palavras de Jesus não há problema. Eles podem dar voltas e tecer teorias em torno de qualquer palavra; se é de Moisés ou de Jesus que estão falando, não faz diferença para eles. Agora Jesus se torna o centro da sua filosofia.

Buda tornou-se a maior fonte dos filósofos. Um estranho fenômeno, inacreditável, porque Buda era totalmente contra a filosofia. Ele foi absolutamente antifilosofia a vida toda. Ele nunca falou sobre qualquer assunto filosófico. Ele tinha os pés no chão; ele era um homem pragmático, prático. Se você perguntasse a ele sobre Deus, teria deixado a pergunta de lado no mesmo instante e dito a você: "Como isso vai transformar você? Falar sobre Deus não tem sentido; não desperdice seu tempo. Pense na meditação, pense na compaixão, pense sobre coisas que podem transformá-lo. O que Deus pode fazer?".

Se você tivesse perguntado a ele sobre a vida após a morte, ele teria imediatamente calado você: "Não fale bobagem. Você está vivo e nem sabe o que é a vida e está pensando na vida após a morte? Você não sabe o que você é agora e está perguntando, 'O que serei depois da morte?' Isso é total estupidez. Em vez disso, sonde a si mesmo e veja quem você é. E se você conhece a si mesmo, então não há problema. Quando você morrer, saberá se sobreviveu ou não. Por que fazer tanto estardalhado sobre isso agora?".

E como se pode decidir? Não há como decidir. Mesmo que o mundo inteiro diga que você sobreviveu à morte do corpo, a dúvida ainda assim persistirá. Quem sabe? Todo mundo vai estar errado, porque o mundo inteiro costumava acreditar que a Terra era plana e o mundo inteiro estava errado. A Terra não é plana; agora nós sabemos. O mundo inteiro acreditou, por muito tempo, que o Sol se move ao redor da Terra. Agora sabemos que a Terra se move em torno do Sol, não o contrário.

Portanto, não é uma questão de quantas pessoas acreditam. A verdade não é decidida pela maioria, não se trata de votar. Mesmo que um único homem conheça a verdade, e o mundo inteiro esteja contra ele, ainda assim ele ainda está falando a verdade e o mundo ainda está errado.

Ninguém pode convencê-lo de que você existirá quando estiver morto; não há como convencê-lo. Você pode acreditar se *quiser*; se quiser acreditar, você pode acreditar em qualquer coisa. Mas é porque você quer, não porque você está convencido. Você tem medo da morte; você gostaria de continuar vivo após a morte, e você quer acreditar, então você acredita. Mas você sabe que é uma crença; pode não ser assim. No fundo, a dúvida persistirá.

E Buda não teria respondido a nenhuma pergunta sua que você pode achar que pertence à filosofia. Ele costumava dizer: "Mesmo que eu diga algo sobre o além, você entenderá mal. Você não tem nenhuma experiência do além; a comunicação não é possível". E você sabe como é difícil se comunicar. Eu digo uma coisa;

você entende outra. As pessoas vão entender de acordo com o seu nível de compreensão.

Perguntaram a um playboy *que tinha esbanjado uma fortuna o que ele tinha feito com todo o seu dinheiro. Ele respondeu: "Uma parte gastei com bebidas alcoólicas e automóveis velozes, e a maior parte com mulheres. O resto gastei com bobagem".*

As palavras não significam a mesma coisa para todos. O significado varia de acordo com o seu entendimento.

"Sua infidelidade renitente prova que você é absolutamente imprestável!", gritou o homem indignado que tinha acabado de pegar a esposa pela décima vez com outro homem.
"Muito pelo contrário", foi a resposta fria. "Isso apenas prova que eu sou boa demais para ser verdadeira."

Tudo depende de você.

Numa viagem de negócios ao exterior, após o expediente, um homem se atrapalhava pelo fato de não saber a língua. Ele ficou encantado, portanto, quando uma linda mulher se sentou ao balcão do restaurante.
"Você sabe falar em inglês?", ele se aventurou, esperançoso.
"Só um pouco", disse ela com um sorriso.
"Só um pouco, hein?" ele repetiu. "Quanto?"
"Vinte e cinco dólares", foi a resposta imediata.

A comunicação é um dos problemas mais difíceis do mundo. Quando você usa uma palavra, você dá o seu significado a ela. Quando essa palavra toca outra pessoa, fatalmente ela assume o significado da outra pessoa. E na transferência, tudo se perde. Por isso Buda disse: "Eu não vou falar sobre o além. E não pergunte nada sobre o além. Seja mais científico e realista; aprofunde-se naquilo que existe. Não fale sobre a "verdade". Fale sobre o que existe, fale sobre o que você é, e é desse jeito que se conhece a verdade".

Porém, depois que o Buda morreu, surgiram grandes escolas filosóficas. Nunca tinha acontecido algo assim no mundo como aconteceu na Índia depois do Buda. O homem que durante toda a sua vida foi contra a filosofia e o filosofar tornou-se a fonte do maior esforço filosófico de todos os tempos. Trinta e seis escolas de filosofia surgiram quando Buda morreu, e as pessoas que sempre o condenaram se reuniram para filosofar sobre ele. E veja a beleza, a ironia. Eles começaram a filosofar sobre por que Buda ficava em silêncio. Por que ele não dizia nada sobre o além? Isso se tornou a filosofia dessas pessoas! Elas começaram a falar sobre por que ele mantinha silêncio sobre o além. E havia tantas respostas possíveis!

Alguém disse: "Porque o além não existe". Agora uma filosofia tinha criado raízes.

Outro disse: "O além existe, mas é inexprimível. É por isso que ele se calava".

Agora outra escola, e assim por diante.

O Mistério Mais Próximo é o Seu

Até o silêncio do Buda se tornou um problema, e as pessoas começaram a discutir sobre o silêncio. Ninguém tentou ficar em silêncio; as pessoas começaram a falar sobre o silêncio.

Cuidado com essa armadilha; a mente é muito astuta. Se eu disser algo sobre a meditação, estou dizendo isso para que você possa meditar. Mas você começa a pensar em meditação, o que é meditação. Quanto tipos de meditação existem? Qual é a diferença entre eles? Por que eles são antagônicos entre si? E depois você pode continuar *ad infinitum*, e em nenhum momento você vai meditar. Você vai ficar cada vez mais confuso. Ficará tão confuso, por fim, que não vai saber como começar a meditação, porque ela se abre em tantas as direções... Para onde ir? O que escolher? Você simplesmente fica paralisado.

A mente sempre faz isso. E apenas algumas pessoas realmente alertas são capazes de sair dessas armadilhas da mente. A mente é um grande filósofo. E a vida não é uma filosofia; a vida é uma realidade. A filosofia é uma fuga da realidade; filosofia significa pensamento. A vida existe – não é uma questão de pensar. Você pode simplesmente mergulhar nela.

A lagoa antiga
um sapo salta
no barulho...

Do mesmo jeito, você pode saltar nessa lagoa antiga da vida. Você só pode conhecê-la saltando nela. Não há outra maneira de conhecer a vida. Pensar nela é a maneira mais segura de perdê-la.

Uma casa dividida

Você acha que conhece a mulher que ama. Você acha que conhece o seu marido. Você acha que conhece o seu filho. Só porque você carregou a criança em seu ventre por nove meses, você acha que a conhece? Você só acredita que conhece. A criança é um mistério; você não sabe nada sobre o seu filho. A criança é tão misteriosa quanto toda a existência. Você não conhece a mulher que ama. Como poderia conhecer? Você ainda não conhece nem a si mesmo... A mulher pode estar perto de você, mas ela nunca vai estar tão perto quanto você está de si mesmo.

Por isso eu digo que, se você não se ama, não será capaz de amar nenhuma outra pessoa no mundo. E, se você não se conhece, nunca será capaz de conhecer mais ninguém no mundo. Amar ou conhecer – tudo começa a partir do seu próprio centro. A primeira ondulação tem de começar dali; então ela pode continuar se espalhando. Então pode continuar se estendendo até as fronteiras ilimitadas da existência. Mas primeiro isso tem de começar no âmago do seu ser.

> *Por que você não conhece seu próprio eu?*

E qual é o problema? Por que você não conhece o seu próprio eu? Essa deveria ser a coisa mais fácil do mundo, e tornou-se difícil, a mais difícil. Tornou-se quase impossível conhecer a si mesmo. O que deu errado? Você tem a capacidade de saber. Você existe, a capacidade de saber existe; então o que foi que deu errado? Por que essa capacidade de conhecer não pode se voltar para si mesma?

Apenas uma coisa deu errado e, a menos que você corrija, você permanecerá ignorante com relação a si mesmo. O que deu errado é que uma divisão foi criada em você. Você perdeu sua integridade. A sociedade fez de você uma casa dividida contra si mesmo. A estratégia é simples: depois de entendido, pode ser eliminado. A estratégia é que a sociedade lhe deu ideais sobre como você deveria ser e reforçou esses ideais tão profundamente em você, incutiu esses ideais tão profundamente em você, que você está sempre interessado no ideal — "Como eu deveria ser?" — e esqueceu quem você é.

Você está obcecado pelo futuro ideal e esqueceu a realidade presente. Seus olhos estão focados no futuro distante; por isso, eles não podem se voltar para dentro. Você está constantemente pensando no que fazer, em como fazer, em como ser isso. Sua linguagem se tornou essa, dos "deverias", e a realidade consiste apenas no que é. A realidade não conhece nenhum "deveria".

Uma flor rosa é uma flor rosa; não há possibilidade de ela ser outra coisa. E um lótus é um lótus. Nem a rosa tenta se tornar um lótus, nem o lótus tenta se tornar uma rosa; portanto, não são neuróticos. Eles não precisam de um psiquiatra; não precisam de nenhuma psicanálise. A rosa é saudável porque a rosa simplesmente vive sua realidade. E assim é com toda a existência, exceto os seres humanos. Somente os seres humanos têm ideais e "deverias": "Você deveria ser isso, aquilo". E por isso você está dividido contra o seu próprio ser. Os "deverias" e o que você realmente é são inimigos.

E você não pode ser outra coisa além do que é. Deixe que isso cale fundo no seu coração – você só pode ser o que você é, nada mais. Depois que essa verdade é incutida, "só posso ser eu mesmo", todos os ideais desaparecem. Eles são descartados automaticamente. E, quando não há ideal, você encontra a realidade. Seus olhos ficam no aqui e agora; você fica presente para o que você é. A divisão, a cisão, desaparece. Você é um só.

É assim que se começa a ser uno com a existência. Primeiro seja uno consigo mesmo. Esse é o primeiro passo da *unio mystica*: ser uno consigo mesmo. E depois, o segundo passo, e o último: ser uno com a existência. O segundo é fácil. O primeiro ficou difícil. Por causa de tanto condicionamento, tanta educação, tantos esforços civilizatórios, o primeiro ficou difícil.

O primeiro passo

Se você deu o primeiro passo – simplesmente se aceitar e amar a si mesmo como você é, a cada momento...

Por exemplo, você está triste. Neste momento você está triste. Todo o seu condicionamento lhe diz: "Você não deveria ficar triste. Isso é ruim. Você não deveria ficar triste; você tem de ser feliz".

Agora existe a divisão, o problema. Você está triste – essa é a verdade do momento. E seu condicionamento, sua mente, diz: "Você não deveria ficar assim; você tem de ser feliz. Sorria! O que as pessoas vão pensar de você?" Seu parceiro pode deixá-lo se você estiver tão triste; seus amigos podem abandoná-lo se você estiver tão triste; seu negócio irá a bancarrota se você continuar tão triste.

Você tem de rir; você tem de sorrir; você tem de pelo menos fingir que está feliz. Se você é um médico, seus pacientes não vão se sentir bem se você ficar assim triste. Eles querem um médico que seja feliz, alegre, saudável e você assim, parecendo tão triste? Sorria! Mesmo que você não possa abrir um sorriso de verdade, abra um sorriso falso, mas sorria! Pelo menos finja, faça de conta.

> Se você conseguir viver a sua tristeza sem a imagem de ser feliz, ficará feliz no mesmo instante.

Este é o problema: você finge; você faz de conta. Um sorriso que você pode forjar, mas você se tornou dois. Você reprimiu a verdade; você se tornou falso.

E o falso é apreciado pela sociedade. O falso torna-se o santo, o falso torna-se o grande líder, o falso torna-se o mahatma, e todos começam a seguir o falso. O falso é o seu ideal. É por isso que você não consegue conhecer a si mesmo. Como você pode conhecer a si mesmo se não se aceita? Você está sempre reprimindo o seu ser.

O que tem de ser feito, então? Quando estiver triste, aceite a tristeza – esse é você. Não diga: "Estou triste". Não diga que essa tristeza é algo separado de você. Simplesmente diga: "Eu

> Toda dor psicológica só existe porque você está dividido.

sou a tristeza. Neste momento, estou triste". E viva sua tristeza com total autenticidade.

E você ficará surpreso ao ver que uma porta milagrosa vai se abrir no seu ser. Se você conseguir viver sua tristeza sem a imagem de ser feliz, ficará feliz no mesmo instante, porque a divisão desaparece. Não há mais divisão. "Sou a tristeza", e não há essa questão de ideal para ser qualquer outra coisa. Portanto não há esforço, não há conflito.

"Eu sou simplesmente isso", assim ocorre o relaxamento. E nesse relaxamento está a graça e nesse relaxamento está a alegria.

Toda dor psicológica existe apenas porque você está dividido. Dor significa divisão e felicidade significa que não há divisão. Vai parecer paradoxal para você que, se alguém está triste e aceita sua tristeza, como essa pessoa pode se tornar alegre? Vai parecer paradoxal, mas é assim. Experimente.

E não estou dizendo para tentar ser feliz; não estou dizendo: "Aceite sua tristeza para que você possa ficar feliz". Eu não estou dizendo isso. Se essa for sua motivação, nada vai acontecer; você ainda estará lutando. Você estará assistindo com o canto do olho. "Tanto tempo se passou e eu até aceitei a tristeza e estou dizendo 'eu sou a tristeza', e a alegria ainda não veio". Ela não virá assim.

A alegria não é um objetivo, é uma consequência. É uma consequência natural da unidade e da unificação. Basta estar unido com essa tristeza, sem motivação, sem nenhum propósito específico. Não há essa questão de propósito. É assim que você está neste momento; essa é a sua verdade neste momento. E no momento seguinte você pode estar com raiva – aceite isso

O Mistério Mais Próximo é o Seu

também. E no momento seguinte a esse você pode estar outra coisa – aceite também.

Viva cada momento, com total aceitação, sem criar nenhuma divisão, e você estará no caminho para o autoconhecimento. O autoconhecimento não é uma questão de ler os Upanishades e se sentar em silêncio e repetir, "Aham brahmasmi, Eu sou Deus". Todos esses são esforços tolos. Ou você sabe que é divino ou você não sabe. Você pode continuar por toda a sua vida repetindo: "Aham brahmasmi, eu sou Deus". Você pode desperdiçar toda a sua vida repetindo isso; você não vai saber.

Se você sabe, não há nenhum motivo para ficar repetindo isso. Por que você está repetindo? Se você sabe, você sabe. Se não sabe, como pode saber por repetição? Basta que você veja toda estupidez disso.

Mas é isso que está sendo feito neste país e em outros países também, em mosteiros e ashrams. O que as pessoas estão fazendo? Repetindo como papagaios.

Estou lhe apresentando uma abordagem totalmente diferente. Não é repetindo o Alcorão ou a Bíblia ou os Vedas que você se tornará um conhecedor – não. Você só vai se tornar mais instruído. Então como se conhece a si mesmo? Eliminando a divisão. A divisão é todo o problema. Você está contra você mesmo.

Abandone todos os ideais que criam esse antagonismo em você. Você

> ∽
>
> Você é do jeito que é – aceite isso com alegria, com gratidão. E de repente você sentirá uma harmonia.

é do jeito que é – aceite isso com alegria, com gratidão. E de repente você sentirá uma harmonia: os dois eus em você, o eu ideal e o eu verdadeiro, não estarão mais brigando. Elas vão se fundir e se tornar um só.

Na verdade, não é a tristeza que causa dor. É a interpretação de que a tristeza é *errada* que causa dor, que se torna um problema psicológico. Não é a raiva que é dolorosa; é a ideia de que a raiva é *errada* que cria a ansiedade psicológica. É a interpretação, não o fato. O fato é sempre libertador.

Seja a verdade que você é

Jesus diz: "A verdade liberta". E isso tem uma importância tremenda – sim, a verdade liberta, mas não digo "conhecer" a verdade. *Seja* a verdade, e ela o libertará; seja a verdade e haverá libertação. Você não precisa trazê-la, não precisa esperar por ela; isso acontece instantaneamente.

Como ser a verdade? Você já é a verdade. Você está carregando falsos ideais; eles estão criando o problema. Abandone os ideais. Por alguns dias, seja um ser natural, assim como as árvores, os animais e os pássaros. Aceite seu ser como é e um grande silêncio surgirá. Como pode ser de outra maneira? Não há nenhuma interpretação. Por isso a tristeza é bonita, tem profundidade. Por isso a raiva também é bela, tem vida, vitalidade. Por isso o sexo também é bonito, porque tem criatividade. Quando não há interpretação, tudo é belo. Se tudo é belo, você fica relaxado. Nesse relaxamento você caiu na sua própria fonte e isso traz autoconhecimento.

Cair em sua própria fonte é o que se entende por "Conhece a ti mesmo". Não é uma questão de conhecimento, é uma questão de transformação. E de que transformação estou falando? Não estou lhe dando nenhum ideal que você deva ser, não estou dizendo que você tem de deixar de ser o que é e se tornar outra pessoa. Você tem simplesmente de relaxar, ser o que você é e simplesmente ver.

Ouviu o que estou dizendo? Basta ver o ponto – é libertador. Você ouve uma grande harmonia, uma música grandiosa. Essa música é de autoconhecimento. E sua vida começa a mudar. Portanto, você tem uma chave mágica que destrava todas as fechaduras.

Se você aceitar a tristeza, a tristeza desaparecerá. Por quanto tempo você consegue ficar triste se aceitar a tristeza? Se você for capaz de aceitar a tristeza, será capaz de absorvê-la em seu ser; ela se tornará suas profundezas. E por quanto tempo você será capaz de ficar com raiva se aceitar a raiva? A raiva se alimenta da rejeição. Se você aceitá-la, terá absorvido a energia.

E a raiva tem uma grande energia, uma vitalidade, e, quando essa energia é absorvida, você se sente mais revitalizado. Sua vida passa a ter uma paixão; é uma chama. Não é uma vida monótona e insípida, ela tem inteligência, paixão e ímpeto. E se você aceitou o sexo, um dia o sexo também desaparece. E libera grande criatividade em você, porque o sexo é o potencial da criatividade. E você se torna um criador. Grandes pinturas podem surgir por seu intermédio; grande poesia pode vir. Grandes canções podem nascer, ou música. Tudo e qualquer coisa passa a ser possível depois disso – você participa da existência.

O sexo é a forma mais inferior de criatividade, é apenas a semente da criatividade. Depois que a semente se partiu, se dissolveu, foi absorvida, todo o seu ser se torna criativo. E ser criativo é ser bem-aventurado, ser criativo é ser uno com Deus. Quando você se torna um criador, você passa a participar de Deus.

E não estou dizendo que, a menos que você pinte e faça poesias, você não será um criador. Buda não pintou, não escreveu poesias, mas toda a sua vida foi de criatividade. Quem quer que ele tenha tocado foi transformado. Quem foi corajoso o suficiente para chegar perto dele renasceu. Ele criou um grande campo de energia, um campo búdico, e quem quer que entrasse nesse campo nunca mais era o mesmo. Essa é a criatividade dele.

Ele não escreveu nenhuma poesia visível, mas a maneira como ele caminha é poesia, a maneira como ele olha para as pessoas é poesia. Ele nunca dançou. Mas se você observar sentado silenciosamente debaixo da árvore *bodhi*, há uma grande dança acontecendo nele. É uma dança invisível; é sutil, não é grosseira. Não é do físico, é uma dança espiritual. Ele não está separado da existência. Ele está dançando nas árvores ao vento e está dançando com as estrelas, está dançando com o todo. Ele não está mais separado.

Você entende a diferença? Se você tentar largar o sexo, toda criatividade desaparecerá da sua vida. Foi o que aconteceu no infeliz país da Índia. As pessoas tentaram abandonar o sexo, as pessoas tentaram de alguma maneira impor o celibato a si mesmos.

E todas ficaram sem criatividade, todas se tornaram maçantes, perderam a inteligência. Você pode dar uma volta por lá e ver os mahatmas indianos, e você não verá pessoas tão obtusas e burras em nenhum outro lugar do mundo. Toda a vida deles consiste em viver de uma maneira muito pouco criativa.

E eles são elogiados por coisas sem criatividade. Alguns jejuam e por isso são elogiados – não por qualquer dança. Alguns dormem num leito de espinhos, por isso são elogiados. Ora, eles não fazem nada criativo no mundo! Não tornaram o mundo um pouco mais bonito. E vão deixá-lo tão feio quanto antes ou ainda mais. Mas eles são elogiados porque dormem num leito de espinhos. Qual é o propósito disso?

Se você reprime o sexo, a criatividade desaparece. Se você aceita sexo, o sexo se transforma em criatividade. Se você aceita a raiva, ela libera grande vitalidade e paixão em você. Sua vida se torna uma vida apaixonada. Passa a ser uma vida de envolvimento, compromisso, participação. Você deixa de ser apenas um espectador. Você estará no meio disso, da dança da vida, fará parte dela – estará envolvido a cada instante. Você deixa de ser escapista. Você vive alegre e totalmente. Você contribui com algo para a existência, não é fútil; você tem algum significado. Mas a raiva tem de ser aceita. Só então a energia da raiva é absorvida.

Sempre que rejeita algo, você rejeita uma energia. Você disse: "Não quero absorver essa energia". Mas essa é a sua energia e a energia rejeitada o manterá pobre. Rejeite a raiva e você estará rejeitando a possibilidade de ser vital, você ficará embotado. Rejeite o sexo e você estará rejeitando a possibilidade de ser criativo; agora nenhuma poesia, nenhuma música, nenhuma dança vai acontecer na sua vida. Você será apenas um cadáver ambulante; sua vida será um gesto vazio, impotente.

Se você rejeitou a tristeza, você não terá profundidade; você continuará superficial. Sua risada também será superficial porque não terá profundidade. Essa tristeza só pode ser liberada pela aceitação, seu riso existirá apenas na superfície. É isso que eu quero dizer, quando vejo as pessoas e as considero falsas. Uma pessoa falsa é aquela que está apenas fingindo viver, mas não está realmente vivendo, tem medo da vida. E essa falsidade vem pela rejeição. Continue rejeitando tudo, cultivando um ideal na mente de que você tem de se tornar um Buda, de que tem de se tornar um Jesus, e você nunca vai se tornar um. Pelo contrário, vai perder toda a possibilidade de um dia se tornar qualquer coisa. Esqueça tudo sobre Budas e Krishnas e Cristos; não são ideais que se deva imitar. Não tenha ideais; seja um destruidor de ideais. Isso é rebelião e isso também é religião.

Quando não há ideais assombrando você, torturando-o, você fica em harmonia consigo mesmo. E quando você não rejeita nada, todas as energias são suas; você é enriquecido. Por isso você tem uma tremenda energia. E essa tremenda energia é alegria, essa energia é prazer. E caindo em sua própria fonte, você se torna um conhecedor.

E no momento em que você conhece a si mesmo, você conhece tudo, porque é a mesma coisa. O que está em mim está em todos. Apenas as formas são diferentes, as casas são diferentes. É a mesma consciência. Aquilo em mim que diz: "Eu sou" também diz o mesmo em você: "Eu sou". Esse "eu-sou" é um só – é o mesmo nas árvores, embora não seja dito em palavras; é o mesmo nas pedras, profundamente adormecido, mas é o mesmo "eu sou". E saber disso é saber o significado de *Aham brahmasmi*: "Eu sou Deus".

A chave secreta

Você conhece apenas suas mãos e pés; esta é a sua morada, este é o seu lar. Você está familiarizado apenas com o templo – quando você vai conhecer a divindade do templo? Quem é que mora nessa casa? Quem está encarnado nesse corpo? O que é essa consciência?

Se você está me ouvindo, está ouvindo através dos ouvidos; se você está me vendo, está vendo através dos olhos, mas certamente você não é os ouvidos e não é os olhos. Os olhos e ouvidos são janelas; alguém está escondido atrás delas, de pé atrás das janelas.

Apenas observe: seus olhos são janelas. Quando está olhando para mim, você está olhando através dos seus olhos. Mas quem é você? Quem é este que está olhando para mim? Quem é este que está ouvindo? O que é essa consciência?

Não rejeite nada, do contrário você nunca será capaz de conhecer essa consciência. Aceite tudo o que você é. Se rejeitar alguma coisa, você repele suas próprias energias, você cria fragmentos. Não rechace suas energias. Se sente raiva, aceite isso. Quando a tristeza estiver presente, aceite-a. Essa é a sua energia, esse é o dom da existência. Absorva essa energia, procure digeri-la. Ela é você.

> Relaxado, sereno, totalmente em casa; essa é a casa a que você se destina.

E, quando você não repele nada, quando você não tem interpretações do que é bom e do que é ruim, quando você não condena coisa alguma, quando esquece tudo sobre julgamento, quando não é um juiz, assessor, condenador, avaliador constante, quando todas essas coisas desaparecem e você é simplesmente uma imensa aceitação de tudo o que é – o saber acontece. E nesse saber, você conhece a divindade.

Seja a verdade que você é e isso o libertará; você vai se libertar de todas as ilusões, de todas as miragens. Seja a verdade que você é a todo instante. Essa é a mensagem de todos os budas: seja a verdade que você é a todo instante. Não anseie ser nada além disso; não deseje mais nada. Não tente se tornar, apenas seja o que você é no momento. Relaxado, sereno, totalmente em casa; essa é a casa a que você se destina.

Essa é a casa que você tem procurado há tantas vidas. Mas sua própria metodologia de busca está errada. Você fez dela um objetivo e ela não é um objetivo; é a fonte. Deus não é para onde vamos, Deus é de onde viemos. Deus não está lá, Deus está aqui. Deus não é depois, Deus é agora.

Aceite a si mesmo com imensa gratidão, não importa como você seja, seja isso; e você nem poderia ser de outra forma, então não lute contra isso.

Nenhum fato jamais causa uma dor psicológica. É a interpretação que causa dor em você. A dor é criação sua, porque é sua interpretação. Mude a interpretação e o mesmo fato torna-se agradável. Abandone todas as interpretações e o fato torna-se simplesmente um fato, nem doloroso nem agradável. Não escolha, não tenha nenhuma preferência. Apenas fique atento, vigilante e aceitando tudo, e você terá a chave secreta nas mãos.

O Medo de Encontrar a Si Mesmo

Um amigo perguntou: "Por que estou com medo de me aceitar do jeito que sou?". Todas as pessoas estão na mesma situação. Todo mundo está com medo de se aceitar do jeito que é. Foi assim que todos os séculos passados da humanidade foram cultivados, foi assim que condicionaram cada criança, cada ser humano.

A estratégia é simples, mas muito perigosa. A estratégia é condenar você e lhe incutir ideais, para que você esteja sempre tentando se tornar outra pessoa. O cristão está tentando se tornar um Jesus; o budista está tentando tornar-se um Buda. Desviar-se de si mesmo parece um dispositivo tão en-

> Todo mundo está com medo de se aceitar do jeito que é.

genhoso que talvez nem as pessoas que o criaram tenham consciência disso.

O que Jesus disse na cruz, suas últimas palavras para a humanidade, são imensamente significativas em muitos aspectos, particularmente neste contexto.

Ele rezou a Deus: "Pai, perdoa essas pessoas porque elas não sabem o que fazem".

Isso se aplica a cada pai e a cada mãe, a cada professor e cada padre e cada moralista; àqueles que administram a cultura, a sociedade, a civilização e tentam moldar cada indivíduo de uma determinada maneira. Talvez eles também não saibam o que estão fazendo. Talvez pensem que estão fazendo tudo pelo bem das pessoas. Eu não suspeito das intenções deles, mas certamente quero que você esteja ciente de que eles são ignorantes; são pessoas inconscientes.

Uma criancinha nasce nas mãos de uma sociedade inconsciente. E a sociedade inconsciente começa a moldar a criança de acordo com os seus próprios ideais, esquecendo-se justamente do que é mais fundamental: que a criança tem um potencial próprio. Ela tem de crescer, mas não para ser um Jesus ou um Krishna ou um Buda; ela tem de crescer para ser ela mesma.

Se a criança não crescer e se tornar ela mesma, viverá infeliz a vida toda. A vida dela se tornará um inferno e uma maldição, e ela não saberá o que foi que deu errado. Ela foi conduzida para a direção errada desde o início. E acha que as pessoas que a colocaram na direção errada a amam, são seus benfeitores. Na verdade, elas são seus maiores inimigos. Os pais, os mestres, os sacerdotes

O Medo de Encontrar a Si Mesmo

e os líderes da sociedade são os maiores inimigos de todo indivíduo que nasceu na Terra até agora. Sem saber, eles estão desviando você de si mesmo.

E para desviá-lo, você tem de estar absolutamente condicionado a acreditar numa coisa: que, do jeito que é, você é uma pessoa indigna, não merecedora, inútil. Claro que você pode se tornar digno de respeito, merecedor, se seguir as regras e os regulamentos que lhe são apresentados pelos outros. Se você conseguir ser um hipócrita, será um cidadão de prestígio na sociedade. Mas se insistir em ser sincero, franco, autêntico, você mesmo, será condenado por todo mundo.

E é preciso uma coragem enorme para ser condenado por todos. É preciso ter muita fibra para ficar sozinho e declarar: "Não vou ser ninguém além de mim mesmo. Bom ou ruim, aceitável ou não, com prestígio ou sem prestígio, uma coisa é certa: posso ser apenas eu mesmo e mais ninguém". Essa é uma abordagem extremamente revolucionária com relação à vida. É uma revolta básica que cada indivíduo precisa ter se quiser sair do círculo vicioso da infelicidade.

Você está me perguntando: "Por que estou com medo de me aceitar do jeito que sou?". Porque você não foi aceito por ninguém do jeito que é. As pessoas criaram o medo e a apreensão de que, se aceitar a si mesmo, será rejeitado por todo mundo.

Esta é uma condição absoluta de toda sociedade e de toda cultura que já existiu até agora: ou você se aceita e é rejeitado por todos ou você se rejeita e ganha o respeito e a honra de toda a sua cultura e sociedade. A escolha é realmente muito difícil. Obviamente, a maioria vai escolher a respeitabilidade. Mas com a respeitabilidade vêm todos os tipos de ansiedade, angústia: a falta de sentido, uma vida que mais se assemelha a um deserto, onde nada cresce, onde nada é verde, onde nenhuma flor desabrocha, onde você vai andar e andar e andar e nunca vai encontrar um oásis.

Lembro-me de Leo Tolstoi. Ele costumava ter um sonho que psicanalistas de diferentes escolas vêm interpretando há quase um século. O sonho era muito estranho, mas não para mim. Para mim não há necessidade de nenhuma psicanálise, só de simples bom senso. O sonho se repetiu todas as noites durante muitos anos. Era mais um pesadelo estranho e Tolstoi acordava no meio da noite, suando, embora não houvesse nenhum perigo no sonho.

Mas se você puder entender a falta de sentido do sonho... Esse era o problema que se tornava um pesadelo. Esse sonho representa a vida de quase todo mundo. Nenhuma escola psicanalítica foi capaz de descobrir que tipo de sonho é porque não há paralelo, ele não tem precedentes.

O sonho costumava ser o mesmo todas as noites. Um vasto deserto, até onde a vista alcançava, apenas deserto e mais deserto, e duas botas, que Tolstoi reconhecia como sendo dele, enquanto continuava a andar. Mas ele não via a si mesmo; apenas as botas continuavam fazendo barulho na areia. E continuavam porque o deserto é interminável. As botas nunca chegavam a lugar algum. Atrás dele, ele podia ver as pegadas das botas por quilômetros e, à frente, via as botas caminhando.

Normalmente, você não vai pensar nisso como um pesadelo. Mas se analisar um pouco melhor: todos os dias, todas as noites o mesmo sonho de total futilidade, de não se chegar a lugar nenhum. Parecia não haver nenhum destino e nem ninguém calçando as botas, elas estavam vazias.

Ele contou o sonho a todos os psicanalistas conhecidos de sua época na Rússia. Ninguém conseguia descobrir o que ele significava, porque não havia um livro que descrevesse um sonho nem levemente parecido com aquele. Era absolutamente único. Mas para mim não é uma questão de psicanálise. É um sonho simples, que representa a vida de cada ser humano. Você está andando num deserto, porque você não está caminhando em direção à meta intrínseca ao seu ser. Você não vai chegar a lugar nenhum. Quanto mais andar, mais você vai se afastar de si mesmo. E quanto mais procurar algum significado, mais encontrará o vazio absoluto e nada mais. Esse é o significado. Não existe homem nenhum ali, apenas as botas estão caminhando.

Você não está presente no que está fazendo. Você não está presente no que está "sendo". Você não está naquilo que está fingindo ser. É um vazio total, pura hipocrisia.

Mas isso foi criado por meio de um método simples: diga a todos, "Do jeito que você é, você é absolutamente indigno, não merece nem mesmo existir. Do jeito que você é, você é simplesmente feio, um acidente. Do jeito que você é, devia ter vergonha de si mesmo, porque você não tem nada digno de honra e respeito". Naturalmente, toda criança começa a fazer coisas que são supostamente honradas. Ela vai ficando cada vez mais falsa, cada vez mais mentirosa, cada vez mais distante de sua realidade autêntica, do seu próprio ser – e então surge o medo.

Sempre que sente vontade de conhecer a si mesmo, surge logo em seguida um grande medo. O medo é que, se você se encontrar, vai perder o respeito por si mesmo, mesmo aos seus próprios olhos.

A sociedade é um fardo pesado sobre cada indivíduo. Ela se esforça ao máximo para condicioná-lo a ponto de fazê-lo começar a pensar que você é o próprio condicionamento, e assim você se torna parte da sociedade, contra o seu próprio ser. Você se torna cristão, você se torna hindu, você se torna muçulmano e se esquece completamente de que nasceu apenas como um ser humano, sem religião, sem política, sem nação, sem raça. Você nasceu apenas como uma possibilidade pura de crescimento.

Para mim, tornar-se um buscador é se levar de volta a si mesmo, quaisquer que sejam as consequências, qualquer que seja o risco. Você tem de voltar para si mesmo. Você pode não encontrar um Jesus ali. Não há necessidade: um Jesus já é suficiente. Você pode não encontrar um Gautama Buda. Está tudo bem, porque se existissem muitos Gautamas Budas isso seria simplesmente chato. A existência não quer repetir as pessoas. Ela é tão criativa que sempre traz algo novo em cada indivíduo, um novo potencial, uma nova possibilidade, uma nova elevação, uma nova dimensão, um novo apogeu. Tornar-se um buscador é uma revolta contra todas as sociedades e todas as culturas e todas as civilizações, pela simples razão de que elas são contra o indivíduo.

Eu sou absolutamente a favor do indivíduo. Eu posso sacrificar todas as sociedades, todas as religiões e todas as civilizações, toda a história da humanidade, por um único indivíduo. O indivíduo é o fenômeno mais valioso, porque o indivíduo faz parte da existência.

Você terá de deixar seu medo para trás. Ele foi imposto a você, não é natural. Observe cada criança pequena: ela se aceita totalmente, não há condenação, não há desejo de ser ninguém senão ela mesma. Mas todo mundo, à medida que cresce, se desvia de si mesmo. Você terá de reunir coragem para voltar a si mesmo. Toda a sociedade vai impedi-lo de fazer isso, você será condenado. Mas é muito melhor ser condenado pelo mundo inteiro do que continuar sendo infeliz e falso, uma imitação barata, e vivendo a vida de outra pessoa.

Você pode ter uma vida feliz e para isso não há duas maneiras, somente uma. Você só precisa ser você mesmo, seja lá o que for. A partir daí, a partir dessa profunda aceitação e respeito por si mesmo, você vai começar a crescer. Você trará suas próprias flores, não cristãs, não budistas, não hindus, flores absolutamente suas, uma nova contribuição para a existência.

> Mas é preciso imensa coragem para caminhar sozinho por uma trilha, deixando toda a multidão na rodovia.

Mas é preciso imensa coragem para caminhar sozinho por uma trilha, deixando toda a multidão na rodovia. Quando está em meio à multidão, a pessoa se sente confortável, acolhida; quando está sozinha, ela naturalmente sente medo. A mente continua argumentando, dizendo que "toda a humanidade não pode estar errada, enquanto eu sigo sozinho. É melhor simplesmente fazer parte da multidão, porque assim não vou ser responsável se as coisas derem errado". Todo mundo será responsável.

No momento em que se afasta da multidão, você está tomando a responsabilidade nas próprias mãos. Se algo der errado, você é o único responsável.

Mas lembre-se de algo muito fundamental: a responsabilidade é um lado da moeda, o outro é a liberdade. Você pode ter ambos ou pode abrir mão dos dois. Se você não quiser ter responsabilidade, não pode ter liberdade, e sem liberdade não há crescimento.

Você tem, portanto, de aceitar a responsabilidade por si mesmo, e tem de viver em liberdade absoluta, para que possa crescer, seja como você for. Você pode se tornar uma roseira, pode vir a ser apenas uma flor de calêndula, pode se tornar apenas uma flor do campo, sem nome. Mas uma coisa é certa: seja o que for que se tornar, você será imensamente feliz. Você será absolutamente feliz.

Você é incomparável

As pessoas estão continuamente se comparando com as outras. Elas ficam felizes, ficam infelizes por causa das comparações.

Tive um encontro com um santo hindu muito famoso. Ele explicava a algumas pessoas que tinham se reunido para ouvi-lo o que acontecia entre nós: "O segredo da felicidade é sempre olhar para aqueles que estão infelizes. Olhe para os aleijados e você se

O Medo de Encontrar a Si Mesmo

sentirá feliz por não ser aleijado. Olhe para o cego e você se sentirá feliz por não ser cego. Olhe para os pobres e você se sentirá feliz por não ser pobre".

Eu tive de interromper aquele idiota! Eu disse: "Você não entende um simples fato. Depois que uma pessoa começa a comparar, ela não consegue se comparar apenas com os infelizes. Ele também vai se comparar com aqueles que são mais ricos do que ela, que são mais belos, que são mais fortes, que são mais respeitáveis do que ela. E ela será infeliz. Você não está dando às pessoas o segredo da felicidade; está dando a elas o segredo de como viver profundamente infeliz".

Isto nos foi ensinado ao longo dos tempos, nas escrituras de quase todas as religiões, com palavras diferentes, mas o segredo essencial é o mesmo: fique satisfeito porque existem pessoas que são muito infelizes. Graças a Deus você não é tão infeliz. Mas essa é uma faca de dois gumes. Depois que aprende o caminho da comparação, você não vai conseguir se comparar apenas com os que são inferiores a você. Inevitavelmente você também terá de se comparar com os que são superiores a você – e também se sentirá profundamente infeliz.

Na verdade, a comparação não é a coisa certa a fazer. Você é você mesmo e não existe mais ninguém com quem possa ser comparado.

Você é incomparável. Assim como a outra pessoa também é. Nunca se compare.

A comparação é uma das razões que o mantém preso ao mundano, porque a comparação cria competição, a comparação cria ambição. Ela não vem sozinha, mas traz todas as suas companheiras com ela. E depois que você se torna competitivo, isso não tem fim; você vai morrer assim. Quando se torna ambicioso, você escolhe o caminho mais obtuso para sua vida.

Perguntaram a Henry Ford uma vez... E ele parece ser um dos homens mais sábios deste século, porque suas breves declarações fazem muito sentido. Ele foi o primeiro homem a dizer que "a história é uma besteira", e isso é absolutamente verdade.

Perguntaram a ele: "O que você aprendeu ao longo da sua vida de sucesso?". Ele foi um dos homens mais bem-sucedidos que você possa imaginar; da pobreza ele se tornou o homem mais rico do mundo. O que ele disse precisa ser lembrado.

Henry Ford disse: "Durante toda a minha vida de sucesso, aprendi apenas uma coisa: aprendi a subir escadas. E, quando chego ao último degrau da escada, eu me sinto um idiota e muito envergonhado, porque não há mais nenhum lugar para ir.

"E não posso dizer às pessoas que estão atrás de mim, se esforçando muito para subir a mesma escada onde estou me sentindo um idiota, pelo que tenho lutado. E ninguém vai me ouvir se eu disser: 'Pare onde você estiver. Não perca tempo porque não há nada aqui. Depois que chega ao topo, você está num beco sem saída. Você não pode descer, porque isso seria como se atirar para trás. Você não pode ir adiante porque não há mais para onde ir'."

Os presidentes e primeiros-ministros dos países estão simplesmente num beco sem saída. Agora eles sabem que só uma coisa pode acontecer, e é a queda. Não há mais para onde subir;

não há lugar nenhum para ir, a não ser cair do lugar onde se chegou. Por isso eles se agarram aos seus assentos.

Mas esse não é o tipo certo de vida. Primeiro você vai subindo os degraus, lutando com as pessoas; depois, por fim, você fica num beco sem saída e se apega ao último degrau, para que ninguém o tire de lá. Isso por acaso é um hospício?

O homem transformou este planeta num hospício. Se você quiser manter a sanidade, primeiro seja você mesmo, sem nenhuma culpa, sem nenhuma condenação. Aceite-se com humildade e simplicidade.

Este é um presente da existência para você. Sinta-se grato e comece a buscar o que pode ajudá-lo a se tornar o que você é, não a se tornar uma cópia de outra pessoa, mas simplesmente permanecer com seu eu original.

Toda verdade é individual

Uma história de Chuang Tzu:

Sinfonia para uma ave marinha

Você não pode colocar uma carga grande numa balsa pequena, nem pode, com uma corda curta, tirar água de um poço profundo...

Você não ouviu dizer que um pássaro marinho foi soprado pelo vento para a costa e pousou nos arredores da capital de Lu?

O príncipe ordenou uma recepção solene, ofereceu à ave marinha vinho no Recinto Sagrado, chamou músicos para tocar composições de Shun, mandou assar carne para alimentar o pássaro.

Atordoado com as sinfonias, a infeliz ave marinha morreu de desespero.

Como você deve tratar um pássaro? Como você mesmo ou como um pássaro?

O pássaro não deveria fazer ninho nas entranhas da floresta ou voar sobre prados e pântanos?

Não deveria nadar no rio e na lagoa, alimentar-se de enguias e peixes, voar em formação com outras aves e descansar nos juncos?

Não há coisa pior para uma ave marinha do que se ver cercada de homens e aturdido com suas vozes! E isso ainda não bastou!

Ainda a mataram com a música.

A água é para os peixes, o ar para os homens.

As naturezas diferem, assim como as necessidades.

Por isso os sábios de outrora não estabeleciam uma só medida para todos.

Não existe uma única natureza humana, existem naturezas humanas. Cada indivíduo é um universo em si mesmo, você não pode estabelecer regras gerais. Todas as regras gerais tornam-se falsas. É preciso se lembrar muito bem disso, porque, no caminho em que existem todas as possibilidades, você pode começar a seguir as regras e, depois que se tornar uma vítima das regras, você nunca saberá quem você é.

O Medo de Encontrar a Si Mesmo

Você só pode conhecer a si mesmo em total liberdade e as regras são prisões. São prisões porque ninguém pode fazer regras para você; ele pode ter descoberto a verdade mediante essas regras, mas elas eram para ele. A natureza é diferente de uma pessoa para outra. Essas regras ajudaram a ele, não vão ajudar você; pelo contrário, vão atrapalhá-lo.

Portanto, que a compreensão seja a única regra. Aprenda, aumente sua compreensão, mas não siga regras. As regras estão mortas, a compreensão está viva. As regras vão se tornar uma prisão, a compreensão vai lhe conceder o céu infinito.

> Aprenda, aumente sua compreensão, mas não siga regras. As regras estão mortas, a compreensão está viva.

Agora vamos entrar na história:

Você não pode colocar uma carga grande numa balsa pequena, nem pode, com uma corda curta, tirar água de um poço profundo...

Isso é o que todo mundo está fazendo, tentando colocar uma grande carga numa pequena balsa. Você nunca se incomoda em olhar a balsa, em ver qual a capacidade dela. A primeira coisa é conhecer as suas próprias limitações, depois pensar na sua conquista. Qual é a sua capacidade? O que você é capaz de fazer? Qual é a sua capacidade intrínseca? Ninguém se incomoda com isso. Se um homem sem ouvido musical continuar tentando se tornar músico, toda a vida dele será desperdiçada, porque o músico nasce pronto, não se torna músico.

O homem sem sentimentos continua tentando se tornar poeta ou artista. Um homem sem olhos que tenta se tornar um pintor vai ser um fracasso, porque o pintor tem de ter um tipo diferente de olho, quase um Terceiro Olho. Quando olha para as árvores, você vê um tom de verde; quando um pintor olha, ele vê milhares de verdes, não apenas um. Cada árvore tem um tom de verde que é só dela. O pintor sente a cor; a cor tem uma vibração para ele; o mundo inteiro é apenas cor.

Os hindus dizem que o mundo inteiro é som. Acontece que essas poucas pessoas que escreveram os Upanishades eram poetas, músicos; tinham ouvido para o som. Por isso todo o universo virou um som – *omkar, anahata*. Se um homem que nunca foi apaixonado pela música continuar tentando entoar o mantra *aum*, nada vai acontecer. Ele vai ficar repetindo o mantra e nada vai acontecer. Ele vai sair à procura de um mestre sem nunca pensar na sua própria capacidade.

Se você tem ouvido musical, se tem um coração capaz de entender a música – não apenas entender, mas sentir –, nesse caso um mantra ajudará. O som interior e você poderão se tornar um só; você vai conseguir se transportar com esse som até camadas cada vez mais sutis. Até que chega um momento em que todos os sons se interrompem e só o som universal permanece. Isso é *aum*. É por isso que os hindus dizem que todo o mundo consiste em som. Isso não é verdade, não é uma verdade absoluta; essa é a verdade do músico.

Lembre-se: não há verdades absolutas, toda verdade é individual – é a sua verdade. Não há verdade com objetividade. A sua

O Medo de Encontrar a Si Mesmo

verdade pode não ser uma verdade para mim; a minha verdade pode não ser uma verdade para você, porque a verdade não é objetiva. Eu estou ali, envolvido naquilo; minha verdade tem significado para mim, sua verdade tem significado para você.

Quando Buda alcança a fonte, quando Jesus ou Chuang Tzu alcançam a fonte, eles alcançam a mesma fonte universal, mas a interpretação deles é diferente. Um buda não é um músico, ele não encontra nenhum som ali. Ele não é um pintor, não vê nenhuma cor ali. Ele é um homem muito silencioso, o silêncio é a sua música. É por isso que ele encontra um vazio sem forma, *shunya*, tudo vazio. Essa é a verdade dele. Ele chegou à mesma fonte. A fonte é uma só, mas as pessoas que a alcançam são diferentes. Elas olham, elas veem, elas sentem de maneiras diferentes. É por isso que há tantas filosofias, tantas religiões.

Quando Meera chega à mesma fonte, ela começa a dançar. Não dá para imaginar um Buda dançando, não dá para imaginar Jesus dançando! Meera começa a dançar, ela foi ao encontro do seu bem-amado. O coração de uma mulher, o coração, o sentimento de amor – por isso a fonte se torna seu amado. Ela saiu em busca do seu amante. A fonte é a mesma, a verdade em última análise é a mesma, mas, no momento em que alguém a expressa, ela se torna diferente. E lembre-se, a verdade de ninguém pode ser a sua, você tem de descobri-la.

A primeira coisa é se lembrar da sua capacidade. Você pode alcançar a fonte apenas de uma certa maneira, você só pode alcançar por seu intermédio.

Você não pode colocar uma grande carga numa balsa pequena, nem pode, com uma corda curta, tirar água de um poço profundo... Conheça a sua capacidade, isso vem em primeiro lugar. Se você conhece sua capacidade, o primeiro passo foi dado, e o último não está muito longe. Se o primeiro estiver errado, você pode caminhar por muitas vidas e não chegará a lugar nenhum.

Você não ouviu dizer que um pássaro marinho foi soprado pelo vento para a costa e aterrissou nos arredores da capital de Lu?

Uma bela parábola. Um pássaro marinho pousou nos arredores da capital de Lu, uma bela ave.

O príncipe ordenou uma recepção solene... Porque um príncipe é um príncipe e ele achou que um pássaro realmente principesco havia chegado. O pássaro era tão bonito que tinha que ser recebido como outros príncipes. Mas como receber um pássaro? O príncipe tinha suas próprias maneiras. Ele recebeu o pássaro...

O príncipe ordenou uma recepção solene, ofereceu à ave marinha vinho no Recinto Sagrado, chamou músicos para tocar composições de Shun, mandou assar carne para alimentar o pássaro. Atordoado com as sinfonias, a infeliz ave marinha morreu de desespero.

Tudo foi feito para receber o hóspede, mas ninguém se incomodou em saber quem era esse convidado. O convidado foi recebido de acordo com o anfitrião, não de acordo com o convidado – e isso matou o pobre pássaro. Muitos de vocês estão simplesmente mortos por causa do anfitrião. Ninguém olha para você. Uma criança nasce e os pais começam a pensar no que fazer com ela. Mesmo antes de nascer, eles já começam a pensar.

O Medo de Encontrar a Si Mesmo 89

Eu estava hospedado na casa de um amigo. O amigo é professor universitário e a esposa dele também é professora. Ambos são pessoas muito inteligentes, com medalhas de ouro, certificados e doutorados. Eu via a filha deles, eles têm apenas uma filha, tocando piano, chorando muito. Então perguntei à mãe: "Qual é o problema?".

A mãe disse: "Eu sempre quis ser musicista e meus pais não permitiriam. Agora isso não vai acontecer de novo com a minha filha, ela tem de ser musicista. Eu sofri tanto! Meus pais não permitiam, me forçaram a ser professora. Eu não vou forçar a minha filha a ser professora, ela vai ser musicista". E a filha estava chorando.

Você está tão confuso por causa dos outros: sua mãe quer que você seja uma coisa, seu pai quer que você seja outra coisa. Você acaba assim porque eles nunca concordam, pais e mães nunca concordam.

O filho de Mulá Nasruddin me disse: "Eu gostaria de ser médico, mas a minha mãe insiste em dizer que tenho que ser engenheiro. O que eu posso fazer?".

Eu disse: "Faça uma coisa: espalhe o boato de que seu pai quer que você seja engenheiro". Agora o garoto é médico!

Eles são sempre contrários um ao outro, pai e mãe, e essa oposição cala fundo dentro de você. Passa a ser um conflito interior. Seu pai e sua mãe podem já ter morrido, não estarem mais neste mundo, mas eles estão dentro do seu inconsciente, ainda discutindo. Eles nunca vão deixá-lo em paz. Qualquer coisa que você vá fazer, seu pai diz uma coisa e a sua mãe diz outra. Seu conflito interior é um conflito dos seus pais. E também há os tios e os irmãos e irmãs e tantos parentes, e você sozinho no meio de tantos que só querem seu bem. Todos eles querem que você seja algo que esteja de acordo com a vontade deles. Eles destroem você. Por isso a vida se torna uma confusão. Você não sabe o que você quer ser, não sabe onde quer ir, não sabe o que está fazendo e por que está fazendo. Por isso você se sente infeliz. A infelicidade surge quando você não se torna um ser natural, quando você não pode crescer de acordo com o que você é.

Isso aconteceu com aquela ave marinha e isso acontece com todas as aves marinhas: todas as pessoas são aves marinhas. Um dia você aterrissou num útero da capital de Lu, você foi recebido com grande pompa e circunstância. Os astrólogos decidiram o que era para ser feito; os músicos lhe deram as boas-vindas com sua música; os pais com seu amor. E todos juntos acabaram por deixá-lo insano e nada mais.

Um homem sábio não recebe você de acordo com o que ele é; ele recebe você de acordo com o que você é. A ave marinha foi morta pelos músicos e suas belas sinfonias – e o príncipe estava fazendo tudo certo! Era assim que um convidado tinha de ser recebido.

Como você deve tratar uma ave marinha? Como você mesmo ou como um pássaro?

Sempre dê oportunidade ao outro de ser ele mesmo; isso é que é compreensão, isso é que é amor. Não force os outros a serem como você. Você pode querer o bem, mas o resultado será ruim. O querer o bem não é suficiente. Ele pode se tornar venenoso. O importante não é querer o bem do outro; o importante é dar liberdade para o outro ser ele mesmo. Deixe que a sua esposa seja ela mesma, deixe que seu marido seja ele mesmo, deixe que seu filho seja ele mesmo – não force.

> *O querer o bem não é suficiente. Ele pode se tornar venenoso.*

Somos todos aves marinhas, que não se conhecem, estranhos. Ninguém sabe quem você é. No máximo, tudo o que podemos fazer é ajudá-lo a ser o que quer que precise ser. E o futuro é desconhecido; não pode ser forçado. Não há como saber. Nenhuma Astrologia vai ajudar, esses são todos métodos tolos. Dependem de pessoas tolas. Elas continuam porque continuamos querendo saber o futuro para podermos planejar.

A vida não pode ser planejada, ela é uma inundação não planejada. É bom que não seja planejada. Se for, tudo será morto e entediante. É bom que ninguém seja capaz de prever o futuro, é bom que o futuro continue desconhecido, imprevisível, porque aí está toda a liberdade. Se o futuro se tornar conhecido, não haverá mais liberdade. Você terá de funcionar como um mecanismo previsível. Mas é isso que queremos ou que tentamos fazer.

Se você tem um pouco de compreensão, dê liberdade aos outros ao seu redor para que sejam eles mesmos e não deixe que ninguém interfira na sua liberdade. Não faça de ninguém seu escravo e não se torne escravo de ninguém. Isso é o que é *sanyas*. Esse é o significado que dou a *sanyas:* aquele que decidiu não escravizar ninguém e não ser escravizado por ninguém, aquele que decidiu permanecer fiel a si mesmo. Aonde quer que essa verdade o leve, ele está pronto para ir.

Isso é coragem. Pode levá-lo à insegurança. Se prefere se sentir mais seguro, você vai ter de ouvir os outros e o bem que eles querem lhe fazer, mas as sinfonias deles vão matar você. Já mataram. Por que você ouve os outros? Porque acha que eles sabem mais do que você.

> *Ouvi uma criança pequena conversando com o irmão mais velho. O menor tinha 5 anos e o mais velho tinha 10. O menor estava dizendo para o mais velho: "Vá até a mamãe e peça que ela nos deixe ir ao teatro".*
>
> *O mais velho disse: "Por que não você? Por que você não vai?".*
>
> *O menor disse: "Você a conhece há mais tempo do que eu".*

Este é o problema: você ouve sua mãe porque ela conhece este mundo há mais tempo que você; ouve seu pai, porque ele sabe mais do que você. Mas você acha que alguém sabe qualquer coisa só porque está aqui há mais tempo? Você acha que o tempo proporciona essa compreensão? Acha que velhice é sabedoria? Então vá às repartições públicas e observe os funcionários mais velhos. Mais idade pode significar mais sabedoria numa repartição pública, mas não na vida.

O que faz você compreender a vida não é o tempo, é a meditação. É o ir para dentro. O tempo é um movimento exterior, o

O Medo de Encontrar a Si Mesmo 93

tempo está na periferia. Um homem pode viver mil anos e continuar ignorante. Ele se tornará na verdade cada vez mais ignorante, porque vai crescer. Se você tem a semente da ignorância dentro de você, dentro de mil anos você se tornará uma árvore tão vasta que milhões de pessoas ignorantes poderão descansar sob a sua sombra. Tudo o que você tem cresce, nada é estático, tudo está crescendo. Por isso uma pessoa ignorante se torna mais ignorante, uma pessoa sábia se torna mais sábia – mas o tempo não tem nada a ver com compreensão.

A compreensão não é temporal, não equivale a mais experiência. Não é a quantidade de experiência que o torna sábio, é a qualidade. Uma única experiência pode lhe dar o tipo de sabedoria que muitas vidas podem não dar se você trouxer a qualidade da consciência a essa experiência. Um homem pode ter feito amor com muitas mulheres, milhares de mulheres, milhares de vezes. Você acha que ele sabe o que é o amor? A quantidade é grande – pergunte a um Byron, a qualquer Don Juan; a quantidade é grande! Os Don Juans fazem registros, vão contando quantas mulheres conquistaram. A quantidade é grande, mas eles conheceram o amor?

Um único amor pode lhe dar sabedoria se você der qualidade a ele. A qualidade quem confere é você. Que qualidade é essa? Essa qualidade é a consciência. Se você fizer amor com uma única mulher uma única vez, mas com todo o seu ser, totalmente alerta, você passa a saber o que é o amor. Caso contrário, você pode continuar a vida toda e isso se torna uma repetição. E você não precisa fazer mais nada; a roda continua girando sozinha, seu movimento se torna automático.

Sabedoria é algo que acontece quando você leva consciência para qualquer experiência. O encontro entre a consciência e a experiência é a sabedoria. Experiência mais consciência é sabedoria. Com uma experiência, mais experiência, mais experiência... você ganha em quantidade, mas não há nenhuma qualidade que o torne livre e sábio.

Sempre que uma criança nasce, se a mãe ama a criança, se o pai ama a criança, eles não vão impor sua vontade ao filho, porque eles deveriam saber pelo menos uma coisa: eles malograram, então por que iriam incutir o mesmo padrão nessa criança? Por que destruir outra vida? Mas veja que estupidez. Eles gostariam que a criança seguisse o caminho deles. Eles não chegaram a lugar nenhum, sabem que no fundo estão vazios, ocos, e estão forçando a criança a seguir o mesmo caminho, para chegar ao mesmo vazio no final. Por quê? Porque é bom para o ego saber: "Meu filho está seguindo os meus passos".

Você pode não ter chegado a lugar nenhum, mas o fato de seu filho seguir seus passos lhe dá uma sensação agradável. Como se você tivesse alcançado seu objetivo, e é por isso que o seu filho está seguindo você. Se você não ficar satisfeito com seu filho, pode reunir seguidores, discípulos. Há muitos que estão sempre prontos para cair na armadilha de qualquer um, porque as pessoas estão tão insatisfeitas que estão dispostas a seguir o conselho de qualquer um. O problema é que elas não estão satisfeitas justamente por causa do conselho dos outros – e continuam pedindo conselhos.

A mente é uma coisa perversa. Você vive tão vazio, tão oco, porque tem seguido o conselho dos outros, e mesmo assim fica atrás dos outros para que o aconselhem? Quando você vai se conscientizar de que está atrás de conselhos porque não seguiu sua voz interior?

Um mestre não pode lhe impor regras. Se o mestre lhe impuser regras, tenha a certeza de que não se trata de um mestre de verdade. Fuja dele! Um mestre só pode lhe dar entendimento, mostrar como você entende a si mesmo. Depois as regras virão, mas elas virão do seu entendimento.

Como você deve tratar um pássaro? Como você mesmo ou como um pássaro?

O pássaro não deveria fazer ninho nas entranhas da floresta ou voar sobre prados e pântanos?

Não deveria nadar no rio e na lagoa, alimentar-se de enguias e peixes, voar em formação com outras aves e descansar nos juncos?

Não há coisa pior para uma ave marinha do que se ver cercada de homens e aturdido com suas vozes! E isso ainda não bastou!

Ainda a mataram com a música.

Todo mundo está sendo morto pela música. Essa música vem de pessoas que lhe querem bem, que lhe desejam seus melhores votos, que tem as melhores intenções.

A coisa toda parece absurda e insana. Se você plantar mil árvores e só uma florescer e novecentas e noventa e nove morrerem, alguém vai chamá-lo de jardineiro? Alguém vai lhe dar algum crédito porque uma única árvore floresceu? Vão dizer que ela floresceu apesar de você, porque você matou novecentos e noventa e nove árvores.

Você não pode levar o crédito porque uma floresceu; ela deve ter escapado de alguma maneira. Deve ter sobrevivido apesar da sua falta de habilidade, experiência, sabedoria.

A cada milhões de pessoas, uma se torna um buda e floresce. O que está acontecendo? Por que tantas árvores têm de viver sem flores? Olhe para uma árvore quando não há flores e ela nunca floresce, que tristeza se instala na árvore! Ela não pode rir, não pode cantar, não pode dançar. É preciso flores para dançar. Como você pode dançar? Mesmo se eu disser: "Dance!", como você pode dançar? A dança é um deleite transbordante, tão transbordante que cada célula do corpo começa a dançar e você se torna um cosmos rodopiante. Mas como? A energia não está fluindo, não há energia. Você está seguindo aos tropeços, se arrastando. Como pode dançar? As flores surgem quando a árvore tem tanto que pode compartilhar; as flores são um presente. É uma partilha; ela está dizendo para todo o universo, "Sou mais do que preciso". É uma canção. A árvore está dizendo: "Agora eu estou entrando no mundo do luxo, minhas necessidades são atendidas". A árvore tem mais do que precisa, então a floração acontece.

O Medo de Encontrar a Si Mesmo

Você está muito descontente, você não tem nem o tanto de que precisa. Como pode dançar? Como pode cantar? Como pode meditar?

A meditação é o florescimento supremo, o êxtase que só é possível quando você está transbordando, quando você tem tanta energia que não consegue ficar sentado, você só pode dançar; quando você tem tanta energia que não pode fazer nada além de compartilhar, convidar outras pessoas para compartilhar sua energia e seu deleite, seu canto e sua dança.

O que aconteceu com o homem? O que o homem fez ao homem que agora ninguém floresce? Se Buda floresce, lembre-se bem de que não é por causa de você, é apesar de você. É apesar do pai e da mãe do Buda, apesar dos professores que ele teve.

Aconteceu:

Um dos meus professores universitários veio me ver. Ele disse: "Você deve se lembrar de que fui seu professor".

Eu disse a ele: "Sim, eu me lembro. Como posso esquecer? É apesar de você que sou o que eu sou. Você não conseguiu ter sucesso comigo. Você tentou e eu sempre serei grato por você ter fracassado. Você não conseguiu ser bem-sucedido!".

Ele realmente me amava e tentou de todas as maneiras me forçar a entrar no mundo acadêmico. Ele me amava tanto, ele se importava tanto comigo, que sempre que havia uma prova ele vinha pela manhã com seu carro e me levava para o lugar da prova, porque tinha medo de que eu não aparecesse ou ficasse meditando. Antes dos exames, ele vinha me dizer: "Leia isso, leia isso, leia isso. Está chegando o dia, sou eu o avaliador". Mais de uma vez ele me lembrou: "Você leu isso ou não? E você sabe muito bem: eu sou o avaliador e a prova está chegando". Porque ele sempre tinha medo de que eu não o ouvisse.

Ele me amava. Seus pais também amam você, seus professores também amam você, mas eles não são conscientes, não sabem o que estão fazendo. Mesmo que amem, algo dá errado. Ou seja, eles tentam lhe dar algo de acordo com eles. Ele queria que eu me tornasse um grande professor universitário, tivesse um cargo em alguma grande universidade, fosse chefe de departamento ou reitor ou vice-reitor.

Ele imaginava, e eu sempre ria e perguntava a ele: "Mas o que vou ganhar com isso? O que você ganhou? Você é chefe de departamento, um reitor com muitos títulos, doutor honorário em Letras e isso e aquilo; o que você ganhou?"

Ele abria um sorriso e dizia: "Só aguarde e faça o que estou falando". Porque ao ouvir pergunta, "O que você ganhou?", ele sempre ficava um pouco perplexo, confuso – o que dizer?

> *Você não pode ser tratado como uma coisa. As coisas podem ser semelhantes, as almas não.*

Ele não ganhou nada e agora estava perto da morte. Ele gostaria que eu tivesse a mesma ambição que ele. Ele queria que eu tivesse essa mesma ambição.

Um pai morre insatisfeito, ele espera que ao menos o filho atinja o objetivo. É assim que isso continua, ninguém atinge.

Amor não é suficiente. É preciso conscientização. Se o amor existir sem consciência, torna-se uma prisão. Se o amor existir com consciência, torna-se liberdade. Ele ajuda você a ser você mesmo.

Não há coisa pior para uma ave marinha do que se ver cercada de homens e aturdido com suas vozes! E isso ainda não bastou!

Ainda a mataram com a música.

A água é para os peixes, o ar para os homens.

As naturezas diferem, assim como as necessidades.

Por isso os sábios de outrora não estabeleciam uma só medida para todos.

Você não pode ser tratado como uma coisa. As coisas podem ser semelhantes, as almas não. Você pode ter um milhão de carros Ford iguaizinhos. Pode substituir um carro Ford por outro carro Ford e não haverá problemas, mas você não pode substituir um ser humano. Quando um ser humano desaparece, o lugar que ele ocupou ficará para sempre desocupado. Ninguém pode ocupá-lo, é impossível ocupá-lo, porque ninguém pode ser exatamente igual a esse homem. Todo mundo é único, por isso nenhuma regra pode ser imposta.

....os sábios de outrora... No entanto, se você for aos sábios de hoje, vai encontrar regras e regulamentos e tudo mais, toda uma estrutura. Eles farão de você um soldado, mas não um buscador. Um soldado é um homem morto, porque a única função dele é levar a morte ao mundo. Ele não pode continuar muito vivo, caso contrário, como levará a morte? A morte só pode vir por meio de um homem morto. Ele tem de matar. Antes que ele mate os outros, ele mesmo tem de ser morto, por meio das regras. Todo o

treinamento no exército é para matar a vivacidade da pessoa, a consciência da pessoa, torná-lo um autômato. Continuam a dizer a ele: "Vire à direita, vire à esquerda, vire à direita, vire à esquerda", durante anos, todos os dias, por muitas horas! Que bobagem é essa? Por que "virar à direita", por que "virar à esquerda"? Há uma razão para isso, eles querem fazer de você um autômato. "Vire à direita", e todos os dias você faz isso durante horas. Torna-se um fenômeno corporal. Quando eles dizem "Vire à direita!", você não precisa pensar mais, o corpo simplesmente se move. Quando eles dizem "Vire à esquerda!", o corpo simplesmente se move. Agora você é um mecanismo. E quando eles dizem "Atire!", você atira. O corpo se move, a consciência não interfere.

Todo o treinamento dos exércitos do mundo todo consiste em tirar a consciência das suas ações para que elas se tornem automáticas. Você se torna mais eficiente, habilidoso, porque a consciência é sempre um problema. Se você estiver matando uma pessoa e pensar a respeito, você erra o tiro. Se você pensar: "Por que matar este homem? Ele não fez nada para mim. Eu nem sei quem ele é, é um completo estranho...". Se pensar, você também terá o sentimento de que você tem uma mãe em casa, uma esposa, um filho pequeno esperando por você, e o mesmo é o caso do outro. A mãe dele deve estar esperando em algum lugar, a esposa rezando para que o marido volte, o filho esperando que o pai volte para casa. Por que matar esse homem e matar as esperanças de um filho, de uma esposa, de uma mãe, de um pai, irmão, amigos? Por que matar esse homem? E ele não fez nada a você... Dois políticos enlouqueceram, eles podem lutar e decidir a questão. Por que decidir por meio dos outros?

Se você estiver alerta, consciente, será impossível atirar e matar. Todo o treinamento do exército é sobre como dividir consciência e ação, como fazer uma cisão e criar uma lacuna. Assim a consciência continua por conta própria e a ação continua por conta própria e elas se tornam duas coisas paralelas, que nunca se encontram.

O treinamento de um buscador da verdade é exatamente o oposto: como destruir a lacuna que há entre a consciência e a ação, como reuni-las. Elas não devem ser linhas paralelas, devem se tornar um todo. É como estar consciente de cada uma das suas ações, como não ser um autômato. Quando todo o seu automatismo desaparece, você se torna iluminado; você se torna um buda.

Por meio das regras isso não pode ser feito. Por meio das regras você pode se tornar um soldado, mas não pode se tornar um buscador. Todas as regras devem ser abandonadas; é preciso ganhar entendimento. Mas lembre-se, abandonar as regras não significa que você se torna antissocial. Abandonar as regras significa apenas que, porque você existe na sociedade, você segue certas regras, mas elas são apenas regras do jogo, nada mais.

Abandonar as regras não significa que você se torna antissocial.

Se você joga cartas, então você tem regras: uma certa carta é o rei, outra carta é a rainha. Você sabe que isso é tolice. Nenhuma carta é o rei e nenhuma carta é a rainha, mas, se você quer jogar, então precisa seguir certas regras. São as regras do jogo, não há nada de absoluto nelas.

Você tem de seguir as regras de trânsito. Lembre-se: toda a moralidade nada mais é do que regras de trânsito. Você vive numa sociedade; você não está sozinho na rua, há muitos carros. Certas regras precisam ser seguidas, mas elas não são absolutas, elas não têm nada de absoluto. Eles são como andar à esquerda. Nos Estados Unidos, você anda à direita, sem problema. Se a regra for seguida, se você se mantiver à direita, está tudo bem. Se a regra for seguida, manter-se à esquerda, tudo bem também. Ambas são iguais, mas uma tem de ser seguida. Se você seguir ambas as regras, então haverá um engarrafamento e muita dificuldade, uma dificuldade desnecessária.

Quando você vive com os outros, tem de seguir certas regras durante toda a vida. Essas regras não são religiosas, nem morais, nem divinas; elas são apenas feitas pelo homem. É preciso estar atento, é preciso saber da relatividade delas; elas são formais.

Você não precisa quebrar todas as regras; não há necessidade, porque, se quebrar, você terá problemas desnecessários e, em vez de se tornar um buscador, você se tornará um criminoso. Lembre-se disso. Um buscador não é um soldado, um buscador não é um criminoso; um buscador sabe que as regras são apenas um jogo. Ele não é contra elas, ele as transcende, vai além delas. Ele se mantém livre delas. Ele as segue pelos outros, mas não se torna um autômato. Ele permanece consciente, totalmente alerta.

A consciência é o objetivo. É por isso que Chuang Tzu diz: "Por isso os sábios de outrora não estabeleciam uma só medida para todos". Na verdade, eles não estabeleceram nenhuma medida. Eles só insistem em despertá-lo, de muitas maneiras e por vários meios. Você está dormindo tão profundamente, eu posso ouvir seu ronco! Como despertar você? Como sacudi-lo para conduzi-lo à consciência? Quando você está acordado, as regras não são necessárias. Ainda assim você segue regras – e você sabe que elas não são necessárias. Você não se torna um criminoso, você transcende e se torna um buscador.

Livre-se da multidão

Há uma história sufi.

Um jovem buscador procurou um grande mestre sufi. Quando entrou no recinto onde estava o mestre, ele o saudou com grande respeito e o mestre disse:

"Bom. Muito bom. O que você quer?".

Ele disse: "Eu quero ser iniciado".

O mestre disse: "Eu posso iniciá-lo, mas e a multidão que está seguindo você?".

O jovem olhou para trás, não havia ninguém. Ele disse, "Que multidão? Estou sozinho".

O mestre disse: "Você não está, não. Basta fechar os olhos que você verá a multidão".

O jovem fechou os olhos e ficou surpreso. Ali estava toda a multidão que ele havia deixado para trás: sua mãe chorando, seu pai lhe dizendo para não ir, sua esposa aos prantos, seus amigos lhe prevenindo, todos os rostos, toda a multidão. E o mestre disse: "Agora abra seus olhos. Você pode dizer que essas pessoas não estão seguindo você?".

Ele disse: "Sinto muito. Tem razão. Toda essa multidão estou carregando dentro de mim".

Então o mestre disse: "Seu primeiro trabalho é se livrar da multidão. Isso é problema seu. E, quando você acabar com a multidão, as coisas ficam muito simples. O dia em que você acabar com a multidão eu vou iniciar você, porque só posso iniciar você, não posso iniciar essa multidão".

A história faz muito sentido. Mesmo quando está sozinho, você não está sozinho. E um homem de meditação, embora em meio a uma multidão de milhares de pessoas, está sozinho.

Quando você está sozinho, ninguém pode ver a multidão, porque ela está dentro de você. E quando um homem meditativo está na multidão e ainda está sozinho, ninguém pode ver sua solidão, porque isso também está dentro dele.

Conhecer sua solidão é conhecer a existência, a natureza, sua realidade. E ela dá tanta felicidade que não há comparação com qualquer alegria que você tenha sentido no passado.

Muitas pessoas dizem que só quando estão com os outros são totalmente felizes. Isso não é felicidade, é uma alucinação de

O Medo de Encontrar a Si Mesmo

felicidade, porque a sua mente está em sintonia com a mente dessas pessoas. Sozinhas, elas enfrentam o mesmo problema que você. Por isso, juntas, há uma certa harmonia mental e essa harmonia cria a sensação de felicidade. Mas o sentido é muito superficial, não tem raízes.

A menos que você possa ser feliz em total solidão, lembre-se, tudo o que você acha que é felicidade é apenas uma ilusão. E depois que isso fica claro, não é difícil de fazer. Encontre tempo, mesmo que por alguns minutos, de vez em quando, apenas para ficar sozinho.

> A menos que você consiga ser feliz em total solidão, lembre-se, qualquer coisa que você achar que é felicidade é apenas uma ilusão.

No começo você se sentirá infeliz, porque não há ninguém ali para dizer o quanto você é maravilhoso. Ninguém está ali para dizer: "Que grande artista você é!". Não há ninguém, apenas silêncio ao seu redor. Mas um pouco de paciência e um pouco de atenção para não se identificar com a mente provocarão uma grande revolução.

Felicidade e Drogas

Um dos homens mais inteligentes do século XX, Aldous Huxley, ficou muito impressionado quando o LSD foi descoberto. Ele foi a primeira pessoa a promover o LSD. Ele vivia na ilusão de que, com o LSD, era possível alcançar as mesmas experiências espirituais que Gautama Buda teve, que Kabir teve, que Nanak teve. Pensando no *soma* dos Vedas, ele escreveu em seu ensaio *Céu e Inferno* que, no futuro, a droga suprema seria criada pela ciência, sintética. Seu nome seria uma homenagem à primeira droga usada pelos religiosos, *soma*. Mas agora há milhares de pessoas, homens e mulheres, sofrendo nas prisões por usar drogas.

Eu vejo isso como o início de uma busca por algo além do mundo comum, embora estejam procurando da maneira errada. As drogas não lhes darão realidade; elas podem criar uma realidade, mas ela vai durar algumas horas, e depois eles têm de consumir a droga novamente. E têm de consumir quantidades cada vez maiores, porque vão ficando imunes.

Houve um aumento sem precedentes na demanda por drogas. As pessoas sabem que podem ser presas, mas mesmo assim elas saem e usam drogas. Na verdade, se têm dinheiro, elas até conseguem obter drogas dos guardas da prisão, dos funcionários. Basta dar dinheiro a eles.

Mas não vejo essas drogas como algo criminoso, eu simplesmente vejo uma geração mais jovem mal direcionada. A intenção está correta, mas não há ninguém para dizer a eles que as drogas não satisfazem seu desejo e seu anseio. Apenas a meditação, apenas o silêncio, apenas transcender a mente vai lhe trazer contentamento e plenitude. E eles não podem ser condenados como estão sendo condenados e punidos. A geração mais velha é responsável porque não deu alternativas a eles.

Proponho a única alternativa: à medida que você se torna cada vez mais meditativo, você não precisa de mais nada. Você não precisa criar uma realidade alternativa, porque você começa a ver a própria realidade. Uma realidade criada é simplesmente falsa, é um sonho; talvez um sonho bom, mas um sonho é um sonho, afinal.

O anseio desses jovens está correto. Só que eles estão vagando, sem rumo, e seus líderes religiosos, seus líderes políticos, seus governos, suas instituições de ensino não são capazes de mostrar a eles a direção correta. Eu tomo isso como um sintoma de uma grande busca que é bem-vinda. Só é preciso indicar a direção certa a esses jovens, algo que as velhas religiões não podem dar, o que a velha sociedade é impotente para dar. Precisamos urgentemente do nascimento de um novo ser humano, precisamos urgentemente do rebelde para mudar toda essa doença e feiura que está destruindo muitas, muitas pessoas no mundo.

Todo mundo precisa conhecer a si mesmo, sua realidade. É bom que o desejo tenha surgido. Mais cedo ou mais tarde, seremos capazes de fazer as pessoas seguirem na direção certa. Muitas pessoas que se tornaram meditadores passaram por todas as viagens das drogas e, à medida que se tornaram meditadores e começaram a meditar, aos poucos as drogas desapareceram da vida delas. Agora elas não precisam mais delas. Sem punição, sem prisão, apenas a direção certa; e a realidade é tão gratificante, é uma bênção pela qual você não pode esperar mais.

A existência dá a você, com tamanha abundância, a riqueza do ser, do amor, da paz, da verdade, que você não pode pedir mais. Você não pode nem imaginar mais.

O esquecimento e a lembrança de si mesmo

Estes são os dois caminhos: o esquecimento de si mesmo, o caminho do mundo, e a lembrança de si mesmo, o caminho da divindade. O paradoxo é que aquele que busca a felicidade nunca a encontra, aquele que busca a verdade e não se preocupa com a felicidade sempre a encontra.

Quando você se sente uno com a verdade, tudo se encaixa, se junta. Você sente um ritmo e esse ritmo é a felicidade. Você não pode buscá-la diretamente. A verdade tem de ser procurada. A

> O paradoxo é que aquele que busca a felicidade nunca a encontra.

felicidade é encontrada quando a verdade é encontrada, mas a felicidade não é o objetivo. Se você buscar a felicidade diretamente, vai ficar cada vez mais infeliz. No máximo, sua felicidade será como uma droga para esquecer a infelicidade; isso é tudo que vai acontecer. A felicidade é como uma droga; é LSD, maconha, mescalina.

Por que tantas pessoas no Ocidente passaram a usar drogas? Esse é um processo muito racional. Ele tinha de chegar ao Ocidente, porque, ao procurar a felicidade, mais cedo ou mais tarde é preciso encontrar o LSD. O mesmo aconteceu antes, na Índia. Nos Vedas eles encontraram o *soma* porque buscavam a felicidade, eles não eram realmente buscadores da verdade. Eles estavam buscando cada vez mais gratificação, e encontraram o *soma*. O *soma* é a droga suprema. Sempre que uma sociedade, um indivíduo, uma civilização busca a felicidade, em algum lugar ela tem de encontrar as drogas, porque, em última análise, a felicidade é uma busca por drogas. A busca pela felicidade é uma busca pelo esquecimento de si mesmo; isso é o que uma droga ajuda você a fazer. Você se esquece de si mesmo e não sente infelicidade. Você não existe,

> A felicidade é encontrada quando a verdade é encontrada, mas a felicidade não é o objetivo.

como pode sentir infelicidade? Você está dormindo profundamente. A busca pela verdade é apenas a dimensão oposta: a falta de gratificação, prazer, felicidade, mas perguntando: "Qual é a natureza da existência? O que é a verdade?". Aquele que busca a felicidade nunca a encontra, o máximo que vai encontrar é o esquecimento. Aquele que procura a verdade a encontrará, porque para buscar a verdade é preciso tornar-se seu verdadeiro eu. Para buscar a verdade na existência, primeiro você terá de buscar a verdade em seu próprio ser. Você se lembrará cada vez mais de si mesmo.

A droga só pode intensificar o seu estado de espírito

As drogas podem deixar você feliz, mas também podem deixá-lo infeliz, porque nenhuma droga é garantia de que você vai encontrar a felicidade. A droga só pode intensificar o seu estado de espírito. Se você está infeliz, ficará ainda mais infeliz com a droga; você terá pesadelos. Se está feliz, você ficará mais feliz, loucamente feliz. Mas é possível detectar no mesmo instante uma pessoa que está feliz por causa de uma droga, pela simples razão de que a felicidade dela é tensa. Foi simplesmente forçada por substâncias químicas. O rosto dela estará sorrindo, mas será como se alguém estivesse com uma arma nas costas dela e ordenando: "Sorria, senão vou atirar".

As substâncias químicas podem forçá-lo, mas o sorriso forçado, a felicidade forçada mostrará tensão. E só pode durar algumas horas, depois você vai cair de volta numa vala, mais profunda do que aquela em que estava antes, porque toda essa tensão exauriu todo o seu sistema. Toda aquela felicidade, que era falsa, forçada e química, tomou até mesmo um pouco de felicidade natural que estava dentro de você. E depois que o efeito acaba, você cairá numa escuridão profunda. E com as drogas você vai desenvolver uma tolerância, logo vai precisar de cada vez mais, cada vez mais e mais, até que chega um momento...

O "problema das drogas"

O problema das drogas não é novidade, é tão antigo quanto a humanidade. Nunca houve um tempo em que o homem não estivesse em busca de fugir. O livro mais antigo do mundo é o *Rigveda*, e é cheio de drogas. O nome da droga é *soma*. Desde aqueles tempos antigos, todas as religiões tentavam fazer com que as pessoas não usassem drogas. Todos os governos têm sido contra as drogas. No entanto, as drogas provaram ser mais poderosas do que governos ou religiões, porque ninguém olhou para a própria psicologia do usuário de drogas.

As pessoas são infelizes. Elas vivem com ansiedade, angústia e frustração. Parece não haver saída a não ser as drogas. A única maneira de prevenir o uso de drogas será tornar as pessoas alegres, felizes, bem-aventuradas.

Também sou contra as drogas pela simples razão de que elas ajudam você a esquecer sua infelicidade por um tempo. Elas não o preparam para combater a infelicidade e o sofrimento; em vez disso, elas o enfraquecem. Mas as razões pelas quais as religiões e os governos são contra as drogas e as minhas razões para ser contra as drogas são totalmente diferentes. Eles querem que as pessoas permanecerem infelizes e frustradas, porque a pessoa que sofre nunca é rebelde; ela é torturada pelo seu próprio ser, ela está desmoronando. Ela não pode conceber uma sociedade melhor, uma cultura melhor, um ser humano melhor. Por causa de sua infelicidade, ela se torna uma vítima fácil dos padres, porque eles a consolam, porque lhe dizem: "Bem-aventurados os pobres, bem-aventurados os mansos, bem-aventurados os que sofrem, porque herdarão o Reino de Deus".

A humanidade sofredora também está nas mãos dos políticos, porque a humanidade sofredora precisa de alguma esperança: esperança de uma sociedade sem classes em algum lugar no futuro, esperança de uma sociedade em que não haverá pobreza, nem fome, nem infelicidade. Em suma, as pessoas podem administrar e ser pacientes com seus sofrimentos se tiverem uma utopia bem perto do horizonte. E você deve observar o significado da palavra "utopia". Significa aquilo que nunca acontece! É justamente como o horizonte: está tão perto que você acha que pode correr e chegar no lugar onde a terra e o céu se encontram. Mas você pode continuar correndo durante toda a sua vida e nunca conhecer esse lugar, porque ele não existe. É uma alucinação.

O político vive de promessas, o padre vive de promessas. Nos últimos dez mil anos, ninguém entregou o que prometeu. A razão deles para ser contra as drogas é que elas destroem todo o seu

> *Nos últimos dez mil anos, ninguém entregou o que prometeu.*

negócio. Se as pessoas começam a tomar ópio, haxixe, LSD, elas não se importam com o comunismo, e não se importam com o que vai acontecer amanhã, não se importam com a vida após a morte, não se importam com Deus ou paraíso. Elas ficam satisfeitas no momento.

Por isso meus motivos são outros. Também sou contra as drogas, não porque cortam as raízes das religiões e dos políticos, mas porque destroem seu crescimento interior rumo à espiritualidade. Elas o impedem de chegar à Terra Prometida. Você continua preso a alucinações, embora seja capaz de alcançar o que é real. As drogas lhe dão um brinquedo.

No entanto, como as drogas não vão desaparecer, eu gostaria que cada governo, cada laboratório científico, purificasse as drogas para torná-las mais saudáveis e sem efeitos colaterais, o que é possível agora. Podemos criar uma droga como a que Aldous Huxley, em memória do *Rigveda*, chamou de *soma*, que não terá nenhum efeito ruim, que não será viciante, que será uma alegria, uma felicidade, uma dança, uma canção.

Se não podemos tornar possível que todos se tornem um Gautama Buda, não temos o direito de impedir as pessoas de pelo menos ter vislumbres ilusórios do estado estético, que Gautama Buda deve ter conhecido. Talvez essas pequenas experiências possam levar a pessoa a explorar mais. Mais cedo ou mais tarde ela vai se cansar da droga, porque ela vai continuar repetindo a mesma cena várias e várias vezes. Por mais bela que seja uma cena, a repetição a torna entediante.

Portanto, primeiro, purifique a droga de todos os efeitos nocivos. Em segundo lugar, deixe que as pessoas que queiram curtir, curtam. Elas vão ficar entediadas com isso. E depois seu único caminho será buscar algum método de meditação para encontrar a felicidade suprema.

A questão envolve basicamente a geração mais jovem. A diferença entre as gerações é o fenômeno mais recente do mundo; nunca existiu. No passado, crianças de 6 e 7 anos começavam a usar as mãos, a mente, com a família, em suas profissões tradicionais. Quando elas tinham 14 anos já eram artesãs, trabalhavam; elas se casavam, tinham responsabilidades. Quando tinham 20 ou 24 anos, tinham seus próprios filhos, portanto nunca houve uma lacuna entre as gerações. Cada geração se sobrepunha à geração anterior. Agora, pela primeira vez na história da humanidade, existe uma lacuna entre as gerações. E isso é de extrema importância. Agora, pela primeira vez, até a idade de 25 ou 26 anos, quando volta da universidade, você não tem responsabilidades, não tem filhos, nenhuma preocupação, e você tem o mundo inteiro diante de você, para você sonhar – como vai melhorá-lo, como vai torná-lo mais rico, como criar uma raça de super-humanos. Esses são os anos, entre 14 e 24 anos, em que se é um sonhador, quando toda a energia está disponível para sonhar. Você pode se tornar um comunista, um socialista, todo tipo de coisa. E essa é a época em que a pessoa começa a se sentir frustrada, porque do jeito que o mundo funciona (a burocracia, o governo, os políticos, a sociedade, a religião), não parece que você vai conseguir criar uma realidade a partir dos seus sonhos.

Você volta da universidade cheio de ideias e cada uma dessas ideias vai ser solapada pela sociedade. Logo você esquece tudo sobre a nova humanidade e a nova era. Você não consegue nem encontrar um emprego, não consegue nem se sustentar. Como pode pensar numa sociedade sem classes, na qual não há ricos nem pobres?

É nesse momento que as pessoas se voltam para as drogas; elas trazem um alívio temporário. Mas a maioria das drogas, do jeito como são agora, vicia, por isso você tem de ir aumentando a dose. E elas são destrutivas para o corpo, para o cérebro; em breve você está dependente. Não pode viver sem elas, e, com drogas, não há espaço na vida para você.

Mas não digo que a geração mais jovem seja responsável por isso. Punir os jovens e colocá-los na cadeia é pura estupidez. Eles não são criminosos, são vítimas.

Minha ideia é que a educação deve ser dividida em duas partes: uma intelectual e outra prática. Desde o princípio, a criança entra na escola não apenas para aprender a ler, a escrever e a calcular, mas também para aprender a criar algo – artesanato, alguma habilidade. Metade do tempo deve ser dedicada a atividades intelectuais e a outra metade, às necessidades reais da vida; isso vai manter o equilíbrio. E, quando sair da universidade, a pessoa não vai ser um utopista e não vai precisar ser empregado dos outros. Ela será capaz de criar coisas por conta própria.

E os estudantes que sentem algum tipo de frustração, no caso deles é preciso alterar as coisas desde o início. Se estão frustrados,

Felicidade e Drogas

talvez não estejam estudando as coisas certas. Talvez seu filho queira ser carpinteiro e você o esteja obrigando a ser médico; ele quer ser jardineiro e você quer fazer dele um engenheiro. Uma ótima compreensão psicológica será necessária para que cada criança seja orientada a seguir na direção em que vai aprender alguma coisa. E em cada escola, cada faculdade, cada universidade, deve ser obrigatória pelo menos uma hora de meditação para todos, de modo que, sempre que se sentir frustrada ou deprimida, a pessoa tenha um espaço dentro de si aonde possa ir e se livrar imediatamente de toda depressão e frustração. Ela não precisa recorrer às drogas. A meditação é a resposta.

> Em toda escola, faculdade, universidade, deveria ser obrigatória pelo menos uma hora de meditação para todos.

Porém, em vez de fazer todas essas coisas, as pessoas que estão no poder continuam fazendo coisas idiotas: proibição, punição. Elas sabem que há dez mil anos temos proibido e não conseguimos nenhum sucesso. Se você proibir o álcool, mais pessoas vão se tornar alcoólatras, e um tipo mais perigoso de álcool torna-se acessível. Milhares de pessoas morrem envenenadas, e quem é o responsável?

Agora eles estão punindo as pessoas com anos de prisão, nem sequer entendendo que, se uma pessoa consumiu uma droga ou se viciou numa droga, ela precisa de tratamento, não de punição. Ela deveria ser enviada para um lugar onde pudesse ser tratada, onde pudesse aprender meditação, e lentamente, muito lentamente, pudesse ser direcionada, a partir das drogas, para algo melhor.

Em vez disso, estão colocando as pessoas na cadeia, dez anos de cadeia. Não se valoriza a vida humana! Se você impuser uma sentença de dez anos de prisão a um jovem de 20 anos, você tomou dela seu tempo mais precioso – e sem nenhum benefício, porque na cadeia é mais fácil encontrar droga do que em qualquer outro lugar. Os presos são todos usuários de drogas altamente qualificados, que se tornam professores para os amadores. Depois de dez anos, a pessoa sairá perfeitamente treinada. Há uma coisa que só as prisões ensinam: a menos que você seja pego, nada que você faz é errado; só tome cuidado para não ser pego. E há mestres que podem ensiná-lo a não ser pego novamente.

Portanto essa coisa toda é absolutamente absurda. Também sou contra as drogas, mas de um jeito totalmente diferente.

Felicidade é Viver Sem Escolhas

A primeira coisa a ser entendida é que a vida é muito paradoxal e por causa disso muitas coisas acontecem. Estas são as duas alternativas: ou o homem vive no céu ou no inferno. E não há uma terceira possibilidade. Ou você vive em profundo sofrimento ou pode viver sem sofrimento e em profunda bem-aventurança. Essas são as duas únicas possibilidades, duas aberturas, duas portas, dois modos de ser.

Depois vem à baila necessariamente a questão do motivo que leva o homem a escolher viver em sofrimento. O homem nunca opta por sofrer, o homem sempre opta por viver em êxtase, e é aí que entra o paradoxo. Se optar por viver em êxtase, você viverá no sofrimento, porque viver em êxtase significa viver sem escolhas. Esse é o problema. Se você optar por viver em bem-aventurança, você viverá em sofrimento. Se você não escolher, se você simplesmente permanecer como uma testemunha, optando por não escolher, você viverá em êxtase. Portanto, não é uma questão de escolher entre a felicidade e o sofrimento; no fundo é uma questão de escolher entre escolher e não escolher.

Por que é que, sempre que você escolhe, vive em sofrimento? Porque a escolha divide a vida: algo tem de ser cortado e jogado fora. Você não aceita o total. Você aceita algo desse todo e você nega algo, e é isso que significa escolha. E a vida é uma totalidade. Se você escolher uma coisa e negar outra, aquilo que você negar virá até você porque a vida não pode ser dividida. E o que você nega, só porque você nega, se torna uma coisa poderosa para você. Você realmente passa a temer isso.

> Quando você se apega à felicidade, está novamente criando sofrimento, porque essa felicidade vai acabar.

Nada pode ser negado. Você pode simplesmente fechar os olhos para isso. Você pode fugir. Você pode se distrair, mas aquilo estará sempre ali escondido, esperando o momento de chamar a sua atenção. Por isso, se você negar o sofrimento, se disser que não vai escolher o sofrimento, de uma maneira sutil, você estará escolhendo o sofrimento. Agora ele vai estar sempre ao seu redor. Essa é uma coisa.

A vida é totalidade (essa a primeira coisa) e a vida é mudança (segunda coisa). Essas são verdades básicas. Você não pode dividir a vida. Em segundo lugar: nada está estagnado e nada pode estar. Portanto, quando você diz, "Não vou sofrer. Vou escolher um modo feliz de viver", você vai se apegar à felicidade. E sempre que você se apega a algo, você quer aquilo, você espera que seja permanente. E nada pode ser permanente na vida. A vida é um fluxo.

Por isso, quando você se apega à felicidade, está novamente criando sofrimento, porque essa felicidade vai acabar, nada continua para sempre. A felicidade é como um rio e, no momento em que você se apega ao rio, você cria uma situação em que ficará frustrado, porque o rio está me movimento. Mais cedo ou mais tarde você descobrirá que o rio já se foi. Não está mais com você: suas mãos estão vazias e seu coração está frustrado.

Se você se apegar à felicidade, haverá momentos de felicidade, mas eles vão passar. A vida é um fluxo. Nada pode ser permanente aqui, exceto você. Com exceção de você, nada é eterno aqui e, se você se apegar a uma coisa em mudança, quando ela se for, você sofrerá. E não é só que, quando ela se for, você sofrerá; se você tem a mente do apego, enquanto estiver feliz, você não conseguirá apreciar a felicidade, porque estará constantemente com medo de perdê-la.

Se você se apegar, também perderá a oportunidade. Mais tarde você vai sofrer e não vai aproveitá-la, porque o medo está logo ali, mais cedo ou mais tarde a felicidade vai acabar. O hóspede chegou à sua casa e você sabe que ele é só um hóspede, amanhã vai embora. Você começa a sofrer por antecipação (amanhã de manhã ele vai embora – e essa dor, esse sofrimento, essa angústia, ataca você no presente. Você não pode ser feliz enquanto o hóspede estiver em sua casa. Enquanto ele estiver com você, você não pode ser feliz, porque já está sentindo ansiedade e angústia pelo fato de que amanhã de manhã ele partirá. Portanto, enquanto ele estiver presente, você não será feliz e, quando ele se for, você será infeliz. Isso é o que está acontecendo.

A vida é um ritmo de opostos

Primeiro: a vida não pode ser dividida. Só quando divide, você vai poder escolher. E o que você escolhe é como um fluxo: mais cedo ou mais tarde terá desaparecido – e o que você negou vai cair sobre você; você não pode escapar disso. Você não pode dizer: "Eu vou viver apenas durante o dia e vou fugir da vida à noite". Você não pode dizer: "Eu vou viver apenas inspirando o ar e não permitirei que meus pulmões o expirem".

A vida é um ritmo de opostos. A respiração entra e sai: entre esses dois opostos (o ar entrando e saindo), você existe. O sofrimento está ali, a felicidade está ali. A felicidade é como a inspiração, o sofrimento é como a expiração ou o dia e a noite – o ritmo dos opostos. Você não pode dizer: "Eu só vou viver se estiver feliz. Se não estiver feliz, não vou viver". Você pode assumir essa atitude, mas essa atitude vai fazer você sofrer mais.

Ninguém escolhe o sofrimento, lembre-se. Você pergunta por que o homem tem escolhido sofrer. Ninguém escolheu sofrer. Você não escolheu sofrer, você escolheu ser feliz, e você escolheu com convicção. Você está fazendo de tudo para ser feliz e é por isso que está sofrendo, é por isso que não está feliz.

Então o que é preciso fazer? Lembre-se de que a vida é total. Você não pode escolher, a vida tem de ser vivida em sua totalidade.

Haverá momentos de felicidade e haverá momentos de sofrimento, e ambos têm de ser vivido; você não pode escolher. Porque a vida é ambos, felicidade e sofrimento; caso contrário o ritmo se perderá e sem ritmo não existe vida.

É exatamente como a música. Você ouve música: há notas, sons e, depois de cada som, vem um silêncio, uma lacuna. Por causa dessa lacuna, esse intervalo entre o silêncio e o som, por causa desses opostos, cria-se a música. Se você disser: "Eu escolho apenas os sons e não vou escolher as lacunas", não haverá música. Será uma coisa monótona; ela estará morta. Essas lacunas dão vida ao som. Essa é a beleza da vida: é por meio dos opostos que ela existe. Som e silêncio, som e silêncio; isso cria a música, o ritmo. O mesmo acontece com a vida. Sofrimento e felicidade são dois opostos. Você não pode escolher.

Se escolher, você se torna uma vítima, você vai sofrer. Quando toma consciência dessa totalidade dos opostos e da maneira como a vida funciona, você não escolhe, essa é a primeira coisa. E, se você não escolhe, não há necessidade de se apegar, o apego deixa de fazer sentido. Quando o sofrimento vem, você desfruta do sofrimento e, quando a felicidade vem, você desfruta da felicidade. Quando o hóspede está na sua casa, você aprecia a companhia dele; quando ele se vai, você desfruta do sofrimento, da ausência, da dor. Eu digo para você desfrutar de ambos. Esse é o caminho da sabedoria: desfrute de ambos – não

> Sofrimento e felicidade são dois opostos. Você não pode escolher.

escolha. O que quer que sobrevenha a você, aceite. É o seu destino, é como a vida é e não se pode fazer nada a respeito.

Se você tomar essa atitude, não há escolha. Você optou por não escolher. E, quando não escolhe, você se torna consciente de si mesmo, porque agora você não está preocupado com o que acontece, você não está voltado para fora. Você não está preocupado com o que está acontecendo ao seu redor. Aconteça o que acontecer, você vai apreciar, você vai viver, você vai passar por isso, vai vivenciar e ganhará algo com isso, porque cada experiência é uma expansão da consciência.

Se não houver sofrimento, você será uma pessoa superficial, porque o sofrimento confere profundidade. Um homem que não sofreu sempre vai permanecer na superfície. O sofrimento lhe dá profundidade. Na verdade, se não houver sofrimento, você será uma pessoa sem graça. Você não será nada, apenas um fenômeno entediante. O sofrimento lhe dá atitude, uma perspicácia. Você ganha uma qualidade que só o sofrimento pode dar, nenhuma felicidade pode dar. Um homem que sempre permaneceu na felicidade, no conforto, que não sofreu, não terá nenhuma intensidade. Ele será só uma sombra. Não pode ter profundidade. Na realidade, não pode ter coração. O coração é criado pelo sofrimento; pela dor você evolui.

Se um homem só sofreu e não conheceu nenhuma felicidade, também não terá nenhuma riqueza interior, porque essa riqueza vem por meio dos opostos. Quanto mais oscila entre os opostos, mais você se eleva, mas profundidade adquire. Um homem que simplesmente sofreu se tornará um escravo. Aquele que não conheceu nenhum momento de felicidade não estará realmente vivo. Ele se tornará um animal; ele vai apenas existir, de algum jeito. Não haverá poesia, nenhuma canção no coração, nenhuma esperança nos olhos. Ele vai se estabelecer em sua existência pessimista. Não haverá luta, nem aventura. Ele não vai avançar. Ele será simplesmente um poço estagnado de consciência, e um poço estagnado de consciência não é consciente; pouco a pouco ele vai ficando inconsciente. É por isso que, se houver muita dor, você fica inconsciente.

Portanto, ter só felicidade não vai adiantar muito, porque não haverá nenhum desafio. Se houver só dor, não haverá muito crescimento, porque não haverá nada pelo que lutar, pelo que esperar, pelo que sonhar; não haverá nenhuma fantasia. Ambos são necessários e a vida existe entre ambos como uma tensão delicada, uma tensão sutil.

Se você entende isso, você não escolhe. Você sabe como a vida funciona, como a vida é. Esse é o caminho, esse é o modo de vida: passar pela felicidade, passar pelo sofrimento e lhe conferir atitude e lhe conferir significado e lhe conferir profundidade. Portanto, ambos são bons.

Eu digo que ambos são bons. Eu não digo para escolher entre os dois, eu digo que ambos são bons, não escolha. Em vez disso, desfrute de ambos; em vez disso, deixe que ambos aconteçam. Esteja aberto sem qualquer resistência. Não se apegue a um nem resista ao outro.

Deixe que a não resistência seja o seu lema: não resistirei à vida. Seja o que for que a vida me reserve, estarei pronto para aceitar isso; vou ser acessível e apreciar o que vier. As noites também são boas e belas, e o sofrimento tem uma beleza própria. Nenhuma felicidade pode ter essa beleza. As trevas têm a sua própria beleza, o dia tem sua própria beleza. Não há comparação e não há escolha. Ambos têm suas próprias dimensões com que trabalhar.

No momento em que essa consciência surgir em você, você não escolherá mais. Você será apenas uma testemunha e desfrutará do que vier; a não escolha se tornará felicidade. A felicidade não é contrária ao sofrimento, a felicidade é uma qualidade que você pode associar a qualquer coisa, até mesmo ao sofrimento.

Um Buda não pode sofrer, mas isso não significa que o sofrimento não aconteça a ele. Lembre-se, o sofrimento acontece tanto para o Buda quanto para você, mas ele não pode sofrer porque conhece a arte de apreciar o sofrimento. Ele não pode sofrer porque permanece feliz. Mesmo no sofrimento ele permanece festivo, meditativo, vivo, desfrutando, aberto, não resistente. O sofrimento acontece com o Buda, mas ele não deixa que o afete. O sofrimento vem e vai, assim como o ar entra e sai na respiração. Buda continua sendo ele mesmo. O sofrimento não pode afetá-lo. Não pode desviá-lo de si mesmo. Nada é capaz disso; nem o sofrimento nem a felicidade. Você vive como um pêndulo: tudo o afeta — tudo. Você não pode nem ser muito feliz, porque a felicidade também vai matá-lo. Você fica envolvido demais com ela.

Lembro, certa vez, que um pobre bedel, muito velho, pobre, já aposentado, ganhou na loteria. A esposa estava com medo e ela pensou: "Isso vai ser demais para o velho. Cinco mil dólares são demais para ele. Até uma nota de cinco dólares o deixa felicíssimo! Cinco mil dólares podem matá-lo".

Ela correu para a igreja, para a igreja mais próxima, procurou o padre e lhe contou o que tinha acontecido. Ela disse: "O velho está fora de casa, mas ele está voltando, já é hora de ele voltar, então faça alguma coisa. Cinco mil dólares; só a notícia já vai ser suficiente para matá-lo!".

O padre disse: "Não tenha medo. Conheço a mente humana e o modo como ela funciona. Eu conheço a psicologia. Eu vou à sua casa. Então o padre entrou na casa. No momento em que chegaram, o velho também chegou, então o padre começou. Ele disse: "Suponha que você tenha ganhado cinco mil dólares na loteria, o que você faria?".

O velho pensou a respeito, refletiu disse:

"Eu daria metade do dinheiro à igreja".

O padre caiu morto. Foi demais para ele.

Até a felicidade vai matá-lo porque você se envolve demais. Você não consegue se manter como uma testemunha apenas. Sofrimento ou felicidade, qualquer coisa que chegue à sua porta, você fica tão envolvido que se ausenta de si mesmo. Você não está mais lá. Basta uma brisa passar pela casa e você não está mais lá.

O que estou dizendo é que, se você não escolher, se permanecer alerta e ciente de que é assim que a vida é, dias e noites, sofrimento e felicidade se alternam, você apenas testemunha. Não se agarra à felicidade, nem anseia pela felicidade, ne tenta escapar do sofrimento. Você permanece em si mesmo: centrado, enraizado. Isso é que é felicidade.

Portanto, lembre-se, a felicidade não é o oposto do sofrimento. Não pense que, quando você for feliz, não haverá sofrimento; tolice. O sofrimento faz parte da vida. Só cessa quando você não existe mais. Quando você desaparece completamente do corpo, o sofrimento cessa. Quando não há nascimento, o sofrimento cessa. Mas nesse caso você está perdido na totalidade, não existe mais; é apenas uma gota que caiu no oceano e não existe mais.

Enquanto você existir, o sofrimento continuará. Isto faz parte da vida. Mas você pode se conscientizar; e o sofrimento passará a acontecer em algum lugar ao redor de você, mas nunca com você. Mas a felicidade também nunca acontecerá com você. Não pense que a felicidade continuará acontecendo e o sofrimento, não. Ambos vão acontecer a você. Eles vão acontecer ao redor, apenas na periferia, e você estará centrado em si mesmo. Você vai vê-los acontecendo, vai gostar de vê-los acontecerem, mas eles acontecerão ao seu redor; não vão acontecer em você.

Isso se torna possível se você não escolher. Por isso eu disse que isso é delicado, sutil. Por causa da vida paradoxal, você escolhe a felicidade e acaba no sofrimento. Você tenta escapar do sofrimento e isso só serve para atrair mais sofrimento. Portanto, você pode encarar isso como uma lei suprema: seja o que for que você escolher, o oposto será seu destino. Tome isso como uma lei suprema: seja o que for que você escolher, o oposto será o seu destino.

O testemunhar é você

Portanto, seja qual for o seu destino, lembre-se, você o escolheu ao escolher o contrário. Se você está sofrendo, isso é porque você escolheu o sofrimento ao optar pela felicidade. Não escolha a felicidade e o sofrimento desaparece. Não escolha de modo algum. Assim nada pode acontecer com você, e tudo é um fluxo, exceto você. É preciso compreender isso muito profundamente.

Só você é o fator constante na existência, nada mais. Só você é a eternidade, nada mais. Sua consciência nunca é um fluxo. O sofrimento vem; você testemunha isso. Então vem a felicidade; você testemunha isso. Então nada vem; você testemunha isso. Apenas uma coisa permanece constante: o testemunhar; e o testemunhar é você.

> Não escolha a felicidade e o sofrimento desaparece. Não escolha de modo algum.

Você era uma criança... Ou, se você retroceder ainda mais, um dia você foi apenas uma célula atômica. Você não pode nem imaginar isso, apenas uma célula atômica no útero da sua mãe, nem mesmo visível a olhos nus. Se essa célula aparecesse diante de você e você a encontrasse, não seria capaz de reconhecer aquilo que foi um dia. Um dia você foi uma criança, depois se tornou um jovem e agora você é velho ou está deitado no leito de morte. Muitas coisas aconteceram. Toda a sua vida tem sido um fluxo; nada permanece igual de um instante para o instante seguinte.

Heráclito diz que você não pode entrar duas vezes no mesmo rio, e ele se refere ao rio da vida. Você não pode viver dois momentos iguais. O momento que passou não pode ser repetido. Já se foi para sempre, você não pode tê-lo novamente. Não pode existir nada que seja igual. Nesse grande fluxo, apenas uma coisa dentro de você permanece igual: o testemunhar.

Se você pudesse ter testemunhado no ventre da sua mãe, a qualidade da consciência teria sido a mesma. Se você pudesse ter testemunhado quando era criança, a qualidade do testemunho seria o mesmo. Jovem ou no leito de morte, enquanto estiver morrendo em sua cama, se você puder testemunhar, a qualidade da consciência será a mesma.

A única coisa lá no fundo de você é o seu eu que testemunha, a sua consciência, que continua a mesma; todo o resto muda. E, se você se apegar a qualquer objeto do mundo de mudança, você vai sofrer. Nada pode ser feito sobre isso. Você está tentando fazer o impossível, é por isso que sofre. Eu sei que você nunca escolhe sofrer, mas essa não é a questão. Se você sofre, você escolheu isso indiretamente.

Depois que você se conscientizar dessa natureza indireta da vida, essa qualidade paradoxal da vida, você vai parar de escolher. Quando se abre mão da escolha, o mundo desaparece. Ao escolher abrir mão, você entra no absoluto.

Mas isso só é possível quando a mente que escolhe desaparece completamente. É necessária uma consciência sem escolha, para que você viva feliz. Ou melhor, você será a felicidade. E

Felicidade é Viver Sem Escolhas

volto a repetir: o sofrimento continuará a acontecer, mas agora nada pode fazer você sofrer. Mesmo que de repente você seja jogado no inferno, apenas pela sua presença ali, para você não será mais um inferno.

Alguém perguntou a Sócrates para onde ele gostaria de ir e Sócrates disse: "Não sei se existe um inferno e um céu. Eu não sei se eles existem ou não, mas não vou escolher nenhum dos dois. Minha única oração será esta: que eu esteja alerta onde quer que esteja. Que eu esteja plenamente consciente onde quer que esteja. Se vou para o inferno ou o céu, isso é irrelevante". Porque se você estiver totalmente alerta, o inferno desaparece; o inferno é o seu ser não consciente. Se você estiver plenamente consciente, o céu aparece. O céu é o seu ser totalmente consciente.

> Você carrega o céu e o inferno dentro de você.

Na verdade, não existem lugares geográficos como o inferno ou o céu. E não tenha a infantilidade de pensar que um dia você vai morrer e Deus o enviará para o céu ou para o inferno, de acordo com as suas ações, de acordo com tudo o que você fez na terra. Não, você carrega o céu e o inferno dentro de você. Onde quer que vá, você leva seu inferno ou seu céu com você.

Nem mesmo Deus pode fazer alguma coisa a respeito. Se de repente você encontrá-lo, ele vai parecer um inferno. Você carrega seu inferno dentro de você, você projeta em qualquer lugar o que você é. Você vai sofrer. O encontro será apenas como a morte, intolerável. Você pode ficar inconsciente. Seja o que for que aconteça a você, você carrega isso aí dentro. A semente da consciência é a semente de toda a existência.

Então lembre-se, se você sofre, foi você que escolheu: consciente ou inconscientemente, direta ou indiretamente, você que escolheu. A escolha é sua e você é responsável. Ninguém mais é responsável.

Mas em nossa mente, em nossa mente confusa, tudo está ao contrário. Se você sofre, acha que sofre por causa dos outros. Você sofre por sua causa. Ninguém pode fazer você sofrer. Isso é impossível. E mesmo que alguém o faça sofrer, é escolha sua sofrer por causa dessa pessoa. Você a escolheu e escolheu um tipo particular de sofrimento por meio dela. Ninguém pode fazer você sofrer – isso é decisão sua. Mas você vive pensando que, se o outro mudasse ou se o outro estivesse fazendo outra coisa, você não sofreria.

> A escolha é sua e você é responsável. Ninguém mais é responsável.

Eu ouvi. O Mulá Nasruddin estava preenchendo um relatório, porque ele bateu o carro num carro estacionado. Ele estava preenchendo um relatório e havia muitas perguntas. Quando chegou na parte em que perguntavam o que o motorista do outro veículo podia ter feito para evitar o acidente, ele escreveu: "O carro estava estacionado ali; ele deveria ter estacionado em outro lugar – por causa dele, o acidente aconteceu".

E é isso que você está fazendo. O outro sempre é responsável: ele deveria ter feito uma coisa ou outra, e não haveria sofrimento. Não, o outro não é responsável. Você é responsável e, a menos que assuma essa responsabilidade conscientemente, você não vai mudar. A mudança se tornará possível, facilmente possível, no momento em que você perceber que é responsável por isso.

Se você sofreu, a escolha foi sua. Essa é que é a lei do karma, nada mais: você é totalmente responsável. O que quer que aconteça (sofrimento ou felicidade, inferno ou céu), o que quer que seja, em última análise, você é totalmente responsável. Isso é que é lei do karma: a responsabilidade é toda sua.

Mas não tenha medo, não se assuste com isso, porque se a responsabilidade é toda sua, então de repente abre-se uma porta para a liberdade, porque, se você é a causa do seu sofrimento, você pode mudar. Se os outros forem a causa, você não pode mudar. Como você pode mudar? A menos que o mundo inteiro mude, você vai sofrer. E parece que não há como mudar os outros, por isso o sofrimento não pode acabar.

Mas somos tão pessimistas que até mesmo essas belas doutrinas, como a lei do karma, nós interpretamos de tal modo que elas não nos libertam, mas, pelo contrário, elas nos sobrecarregam ainda mais. Na Índia, a lei do karma é conhecida há pelo menos cinco mil anos ou até mais, mas o que fizemos? Não assumimos a responsabilidade sobre nós mesmos; nós jogamos toda a responsabilidade na lei do karma, dizemos que o sofrimento acontece por causa da lei do karma e não podemos fazer nada, nada pode ser feito; por causa das vidas passadas esta vida é assim.

A lei do karma era para libertá-lo. Ela dava a você total liberdade sobre si mesmo. Ninguém mais pode causar nenhum sofrimento a você era a mensagem. Se você está sofrendo, você é que criou esse sofrimento. Você é o mestre do seu destino e, se quiser mudar agora mesmo, você pode, e a vida será diferente. Mas a atitude...

Eu ouvi, uma vez, que dois amigos estavam conversando. Um era otimista, o outro pessimista. Nem o otimista estava muito feliz com a situação. O otimista disse: "Se essa crise econômica continuar e esses desmandos políticos continuarem e o mundo continuar igual, sem moral, em breve vamos estar na rua, pedindo esmolas".

Nem mesmo ele estava muito esperançoso, muito otimista. Quando disse: "Vamos estar na rua, pedindo esmolas", o pessimista respondeu, "Para quem? A quem você vai pedir esmolas se essa condição continuar?".

Você tem uma mente e continua trazendo sua mente para tudo. Na verdade, você transforma a qualidade de cada ensino e doutrina. Você derrota Budas e Krishnas tão facilmente porque converte a coisa toda; você a interpreta à sua própria moda.

Você é totalmente responsável por tudo o que você é e por qualquer situação que esteja vivendo. É tudo criação sua. Se for bem fundo dentro de você, você pode mudar tudo. Você não precisa sofrer. Não escolha, seja uma testemunha, e a felicidade acontecerá com você. A felicidade não é um estado morto. O sofrimento continuará à sua volta. Portanto, não é uma questão do que acontece com você; é uma questão de como você está. O significado total e definitivo vem de você, não do acontecimento em si.

Seja feita a tua vontade

Um dia um homem, um fazendeiro, um fazendeiro de certa idade, veio e disse: "Olha, você pode ser Deus e pode ter criado o mundo, mas uma coisa preciso te dizer: você não é agricultor e não sabe nem mesmo o bê-á-bá da agricultura. E toda a sua natureza e o funcionamento da sua natureza é absurdo, e isso eu digo com base em toda a minha experiência da vida. Você tem de aprender alguma coisa".

Deus perguntou: "E o que me aconselha".

O agricultor disse: "Você me dá um ano, deixa tudo comigo e vai ver o que acontece. Não haverá mais pobreza!".

Deus aceitou o acordo e deu um ano ao agricultor. E, então tudo acontecia de acordo com a vontade dele. Naturalmente, o homem pediu o melhor, ele pensou apenas no melhor: nada de trovão, sem ventos fortes, sem perigos para a colheita. Tudo confortável, aconchegante, e ele ficou muito feliz. O trigo estava crescendo tanto! Não havia perigos, não havia impedimentos; tudo estava transcorrendo de acordo com seu desejo. Quando ele queria sol, havia sol; quando queria chuva, havia chuva, e o tanto que ele queria. No passado, às vezes chovia demais e os rios transbordavam, as colheitas eram destruídas; e às vezes não chovia o suficiente e a terra esturricava e as colheitas morriam... e sempre havia alguma coisa. Era raro, muito raro, que as coisas transcorressem bem. Mas naquele ano tudo aconteceu do jeito certo, matematicamente certo.

O trigo estava crescendo tanto que o fazendeiro ficou muito feliz. Ele costumava se dirigir a Deus e dizer: "Veja! Desta vez as colheitas serão tão boas que, se as pessoas não trabalharem durante dez anos, mesmo assim haverá comida suficiente".

Mas, quando a colheita foi feita, não havia trigo na espiga. Ele ficou surpreso – o que aconteceu?! Ele perguntou a Deus: "O que aconteceu? O que deu errado?".

Deus disse: "Como não havia desafio, como não havia nenhuma dificuldade, como não havia conflito, nenhum atrito, como tudo estava muito bom, você evitou tudo o que era ruim, o trigo permaneceu inerte. Um pouco de esforço é necessário. Tempestades são necessárias, trovões, relâmpagos são necessários. Eles agitam a alma do trigo".

Essa parábola é de imenso valor. Se você só vive feliz, a felicidade perderá todo o sentido. Você vai se cansar disso. Você vai ficar enfastiado. Você só continua interessado na felicidade porque também há momentos tristes. Aqueles momentos tristes o mantém interessado na felicidade. Você não pode continuar comendo apenas açúcar, açúcar e mais açúcar; é preciso também algo salgado, caso contrário todo o sabor será perdido.

Se você vive apenas feliz, feliz e feliz... Você terá diabetes de felicidade. Você se tornará inerte. Ficará entediado, totalmente entediado; a sua a vida não terá sentido. Será como se alguém estivesse escrevendo com giz branco numa parede branca. Ele pode continuar escrevendo, mas ninguém jamais vai conseguir ler. Você tem de escrever num quadro-negro; aí, sim, poderá ler. A noite é tão necessária quanto o dia. E os dias de tristeza são tão essenciais quanto os dias de felicidade.

Isso eu chamo de compreensão. Depois que entende, você relaxa; esse relaxamento é uma rendição. Você diz: "Seja feita a tua vontade". Você diz: "Faça o que achar certo. Se hoje as nuvens são necessárias, mande nuvens. Não me escute. Meu entendimento é ínfimo. Minha vontade é tola. O que eu sei da vida e dos seus segredos? Não me escute! Faça simplesmente a tua vontade".

E, devagar, bem devagar, quanto mais você percebe o ritmo da vida, o ritmo da dualidade, o ritmo da polaridade, você para de perguntar, para de escolher. Não que, ao escolher, algo mude; nada muda, você só fica frustrado. Tudo permanece igual. Se o rio está indo para o norte, o rio está indo para o norte; se você quiser que o rio vá para o sul, você vai ficar infeliz, só isso. O rio continuará indo para o norte!

Sua vontade, sua escolha, sua ação, não faz diferença alguma. Mas uma diferença certamente faz (não uma diferença na situação do mundo, na existência), mas uma diferença em

> ∽
>
> O homem de entendimento flui com o rio, flui com o fluxo, move-se com o vento.

sua psicologia: você ficará frustrado, porque o rio não está indo para o norte, ou está indo para o norte, mas você tem em mente a direção oposta. Você está desapontado. Não que o rio tenha a intenção de desapontá-lo; o rio não tem nada a ver com você. O rio está simplesmente indo para o norte.

O homem de entendimento flui com o rio, flui com o fluxo, move-se com o vento. Lentamente, muito lentamente a compreensão de que "Nada está em minhas mãos" torna-se uma rendição. E essa rendição traz uma grande bênção. Essa entrega traz felicidade.

Você descobriu o segredo! Esse é o segredo. Viva com esse segredo e veja a beleza. Viva com esse segredo e você de repente ficará surpreso: como é imensa a bênção da vida! Quanto está sendo derramada sobre você a cada momento! Mas você está vivendo de acordo com as suas expectativas, os seus desejos pequenos, ínfimos, triviais. E como as coisas não estão de acordo com seus desejos, você está infeliz.

A infelicidade tem apenas um significado: que as coisas não estão de acordo com os seus desejos; e as coisas nunca estão e acordo com os seus desejos, elas não podem estar. As coisas simplesmente seguem sua própria natureza.

Lao Tsé chama essa natureza de Tao. Buda chama de Dhamma. Mahavira definiu a religião como a natureza das coisas. Não há nada a fazer. O fogo é quente e a água é fria. Não tente impor sua vontade sobre a natureza das coisas. Essa é a estupidez que o homem continua fazendo; e cria assim infelicidade para si mesmo, criando o inferno. O homem sábio é aquele que relaxa com a natureza das coisas, que segue a natureza das coisas.

E, quando você segue a natureza das coisas, nenhuma sombra é lançada. Não há infelicidade. Até a tristeza é luminosa, até a tristeza tem a sua beleza. Não que a tristeza não venha; ela vai vir, mas não será sua inimiga. Você vai fazer amizade com ela, porque verá que ela é necessária. Você será capaz de ver sua graça, de ver por que ela existe e qual é a sua necessidade. E sem ela, você será menos, não mais.

Além da Tristeza

Quando a tristeza vier, aceite-a. Ouça a sua música. Ela tem algo para lhe dar. Tem um presente que nenhuma felicidade pode dar a você. Só a tristeza pode. A felicidade é sempre superficial, a tristeza é sempre profunda. A felicidade é como uma onda, a tristeza é como as profundezas do oceano. Na tristeza você permanece consigo mesmo, é deixado sozinho. Na felicidade você começa a se mover com as pessoas, você começa a compartilhar. Na tristeza você fecha os olhos, você mergulha profundamente dentro de si mesmo. A tristeza tem uma canção, ela é um fenômeno muito profundo. Aceite isso. Aprecie. Saboreie-a sem rejeitá-la e você verá que ela lhe traz muitas dádivas que nenhuma felicidade pode trazer.

> Quando a tristeza vier, aceite-a. Ouça a sua música.

Se você consegue aceitar a tristeza, ela deixa de ser tristeza. Você deu outra qualidade a ela. Você vai crescer com isso. Agora ela não será mais uma pedra, uma rocha bloqueando o caminho; ela vai se tornar um degrau.

E lembre-se sempre: uma pessoa que não conhece profundamente a tristeza é uma pessoa pobre. Ele nunca terá riqueza interior. Uma pessoa que sempre viveu feliz, sorridente, superficial, não entrou no templo mais íntimo do seu ser. Ela perdeu o santuário mais íntimo.

Continue sendo capaz de se mover com todas as polaridades. Quando a tristeza vier, fique muito triste. Não tente escapar disso; permita, coopere com ela, deixe que ela se dissolva em você e você se dissolva nela. Torne-se uma com ela. Fique muito triste, sem nenhuma resistência, nenhum conflito, nenhuma luta. Quando a felicidade chegar, seja feliz, dance, fique em êxtase. Quando a felicidade chegar, não tente se apegar a ela. Não diga que deve permanecer para sempre. É assim que você a perde. Quando a tristeza vier, não diga: "Não venha até mim" ou "Se você vier, por favor, vá embora logo". Essa é a maneira de perdê-la.

Não rejeite a tristeza e não se apegue à felicidade, e logo você vai entender que a felicidade e a tristeza são dois lados da mesma moeda. E você verá que a felicidade também tem uma tristeza nela, e a tristeza também tem a sua felicidade. Desse modo o seu ser interior é enriquecido. Você pode desfrutar de tudo; da manhã e da noite também, da luz do sol e a da noite escura também, do dia e da noite, do verão e do inverno, da vida e da morte. Você pode desfrutar de tudo.

Quando você não faz uma escolha, você já é transcendental. Você transcendeu. Então a dualidade não o divide. Você permanece indiviso e isso é uma vantagem, é isso que Shankara quer dizer com a expressão "não dualismo". É isso é o que os Upanishades ensinam: para ser não dual, para ser um.

Ser um significa não escolher, porque, quando você escolhe, sua escolha o divide. Você diz: "Eu gostaria de ser feliz e eu não quero ser infeliz", você está dividido. Simplesmente diga: "Seja o que for que aconteça, tudo é bem-vindo. Minhas portas estão abertas. Se a tristeza vier, que seja minha convidada. Se a felicidade vier que seja minha convidada. Serei um anfitrião para tudo; sem rejeição, sem escolha, sem gostar, sem desgostar".

De repente, ninguém pode dividir você. Você atingiu uma unidade interior, uma melodia interior, uma música interior, uma harmonia interior.

Respostas a Perguntas

Em algum lugar há um medo que me deixa fechado e endurecido, triste e desesperado, zangado e sem esperança. Esse sentimento parece tão sutil que eu nem entro em contato com ele. Como posso vê-lo com mais clareza?

O ÚNICO PROBLEMA COM A TRISTEZA, o desespero, a raiva, a desesperança, a ansiedade, a angústia, a infelicidade, é que você quer se livrar deles. Essa é a única barreira. Você terá de conviver com eles. Não pode simplesmente fugir. Eles são a própria situação a partir da qual a vida precisa se integrar e crescer. São os desafios da vida. Aceite-os. São bênçãos disfarçadas. Se você quiser fugir deles, se quiser de algum modo se livrar deles, aí surge um problema, porque, quando quer se livrar de algo, você nunca olha diretamente para isso. E então a coisa começa a se esconder de você, porque você a condena; ela começa a se aprofundar no inconsciente, a se esconder no canto mais escuro do seu ser, onde você não pode encontrá-la. Ela vai para o porão do seu ser e se esconde lá. E claro que, quanto mais fundo ela for, mais problemas cria, porque ela passa a afetar você a partir dos recônditos desconhecidos do seu ser e você fica completamente indefeso.

Por isso a primeira coisa é: nunca reprima. A primeira coisa é: qualquer que seja o caso, aceite. Aceite e deixe vir; encare. Na verdade, apenas dizer "não reprima" não é suficiente. Se você me permite, eu gostaria de dizer: "Seja amigo desse sentimento". Você está se sentindo triste? Faça amizade com essa tristeza, tenha compaixão por ela. A tristeza também tem um ser. Permita-a, abrace-a, sente-se com ela, dê-lhe as mãos. Seja amigável. Apaixone-se por ela. A tristeza é linda. Não há nada de errado com ela. Quem lhe disse que é errado ficar triste? Na verdade, a tristeza só lhe dá profundidade. O riso é superficial, a felicidade é superficial. A tristeza vai até os ossos, até a medula. Nada vai tão fundo quanto a tristeza.

Portanto, não se preocupe. Fique com ela e a tristeza levará você ao seu núcleo mais profundo. Você pode pegar carona nessa tristeza e assim descobrir algumas coisas novas sobre o seu ser que você nunca soube. Essas coisas só podem se revelar quando você está triste; elas nunca podem se revelar num estado feliz. A escuridão também é boa e a escuridão também é divina. Não só o dia é de Deus, a noite também é. Chamo essa atitude de religiosa.

Respostas a Perguntas

"Em algum lugar há um medo que me torna fechado e duro, triste e desesperado, zangado e sem esperança. Esse sentimento parece tão sutil que eu nem entro em contato com ele."

Ele se torna sutil se você quiser se livrar dele. Depois, claro, ele se protege, se esconde nos recônditos mais profundos do seu ser. Torna-se tão sutil e tão camuflado que você nem consegue mais reconhecê-lo. Começa a surgir com nomes diferentes. Se você é muito contra a raiva, a raiva surgirá com um nome diferente, pode se tornar orgulho, pode se tornar ego, pode se tornar até mesmo fervor religioso, pode se tornar até piedade. Pode se esconder atrás das suas virtudes; pode começar a se esconder atrás do seu personagem. Aí ele fica muito sutil, porque agora o rótulo é outro. Está representando o papel de outra pessoa, mas no fundo continua sendo raiva.

Deixe as coisas serem como são. Coragem é isso: permitir que as coisas sejam como são.

Eu não estou prometendo a você nenhum jardim de rosas; haverá espinhos. Rosas também, mas você só pode alcançar as rosas depois de ter passado pelos espinhos. Quem nunca esteve triste não pode se sentir realmente feliz. É impossível ser feliz. Sua felicidade será apenas um gesto forçado, vazio, impotente. Você pode ver no rosto das pessoas quando elas riem: o riso delas é superficial, é apenas pintado nos lábios. Não tem relação com o coração delas; é absolutamente desconectado.

É como o batom: os lábios parecem vermelhos ou rosados, mas essa vermelhidão não vem da vermelhidão do sangue. É bom se os lábios forem vermelhos, mas a vermelhidão deve vir da vitalidade, das células do seu sangue, da sua energia, vitalidade, juventude. Agora, você pinta os lábios e eles parecem vermelhos, mas são feios. O batom é feio. A coisa toda parece um absurdo. Se seus lábios estão vermelhos, vitais, vivos, para que pintá-los? Você está fazendo com que sejam feios e falsos.

Sua felicidade também é como o batom. Você não está feliz e sabe que não está feliz, mas não pode aceitar o fato, porque isso seria muito devastador para o seu ego. Você? E não está feliz?! Como pode aceitar isso? Talvez você não esteja feliz por dentro, mas isso é problema seu; você não pode expressar isso, não pode dizer a verdade. Para o mundo, você tem de manter um rosto, tem de manter uma personalidade. Então você continua rindo. Observe as pessoas rindo e você imediatamente verá que o riso vem do coração. Quando o riso vem do coração, você pode sentir imediatamente uma vibração diferente, transbordante. Aquela pessoa é realmente feliz. Quando o riso está apenas nos lábios, ele é vazio. É apenas um gesto; não existe nada por trás dele. É uma fachada.

A pessoa que não pode rir profundamente é aquela que reprimiu a tristeza. Ela não pode ir fundo porque tem medo da tristeza. Mesmo que ela vá fundo em seu riso, há um medo de que a tristeza possa vir à superfície, possa borbulhar. Ele tem de estar sempre de guarda.

Então, por favor, seja qual for a situação, comece a aceitá-la. Se você está triste, você está triste e ponto final. Isso é o que a existência reserva para você: neste momento, pelo menos, ela quer você fique triste. Então seja verdadeiro: fique triste! Viva essa tristeza. E, se você conseguir viver essa tristeza, uma qualidade diferente de felicidade surgirá em você; não será uma repressão da tristeza, pois ela estará além da tristeza.

Uma pessoa que consegue ser pacientemente triste de repente descobre, uma manhã, que a felicidade surge no coração dela de alguma fonte desconhecida. Essa fonte desconhecida é a existência. Você a ganhou se ficou realmente triste. Se ficou realmente sem esperança, desesperado, infeliz, miserável, se você viveu o inferno, você ganhou o céu. Você pagou o preço.

> Uma pessoa que consegue ser pacientemente triste de repente descobre, uma manhã, que a felicidade surge no coração dela de alguma fonte desconhecida.

Eu estava lendo uma anedota:

O sr. Goldberg voltou do trabalho mais cedo e pegou a esposa na cama com o sr. Cohen, o vizinho.

Atormentado e com muita raiva, ele correu para a casa ao lado e confrontou a sra. Cohen.

"Sra. Cohen!", ele gritou. "Seu marido está na cama com a minha esposa!"

"Acalme-se!", disse a sra. Cohen. "Veja bem, não leve tão a sério. Sente-se, tome uma xícara de chá. Relaxe."

O sr. Goldberg sentou-se em silêncio e bebeu sua xícara de chá. Foi então que ele notou um leve brilho nos olhos da sra. Cohen.

Com uma certa timidez, ela sugeriu: "Que tal uma leve vingança?".

E com isso eles se sentaram no sofá e depois fizeram amor.

Depois tomaram outra xícara de chá e se vingaram mais um pouco. Em seguida um pouco mais de chá, mais vingança, mais chá...

Por fim, a sra. Cohen olhou para o sr. Goldberg e perguntou: "Que acha de nos vingarmos mais uma vez?".

"Eu vou lhe dizer uma coisa, sra. Cohen", disse o sr. Goldberg muito calmo, "para ser sincero, não tenho mais nenhum ressentimento."

Seja qual for a situação, se estiver triste, fique triste; se você tem vontade de se vingar, vingue-se; se você é ciumento, seja ciumento; se está com raiva, fique com raiva. Nunca evite o fato. Você tem de viver isso; faz parte do progresso, do crescimento, da evolução da vida. Aqueles que evitam continuam imaturos. Se você quer continuar imaturo, então continue evitando, mas, lembre-se, você vai estar evitando a própria vida. Seja o que for que você esteja evitando, isso não é o mais importante; o problema é que ao evitar você está evitando a vida.

Confronte a vida. Enfrente a vida. Momentos difíceis vão acontecer, mas um dia você verá que esses momentos difíceis lhe deram força, porque você os enfrentou. Eles tinham de acontecer. Esses momentos difíceis são difíceis quando você está passando por eles, mas mais tarde você verá que eles tornaram você mais integrado. Sem eles você nunca teria se centrado, se ancorado.

As velhas religiões em todo o mundo têm sido repressivas; a nova religião do futuro será expressiva. E eu ensino essa nova religião. Deixe que a expressão seja uma das regras mais básicas da sua vida. Mesmo que você tenha de sofrer por isso, sofra. Você nunca vai ser um perdedor. Esse sofrimento vai fazer de você uma pessoa cada vez mais capaz de gozar a vida, de regozijar-se com a vida.

Como posso ser eu mesmo?

Isso DEVERIA SER A COISA MAIS FÁCIL do mundo, mas não é. Para ser você mesmo, não é preciso fazer nada; você já é o que é. Como você poderia ser de outro jeito? Como poderia ser outra pessoa? Mas eu posso entender o problema. O problema surge porque a sociedade corrompe todo mundo. A sociedade até agora tem sido uma grande corrupção. Corrompe a mente, o ser. Ela impõe coisas a você e você perde o contato consigo mesmo. Ela tenta fazer de você algo diferente do que você deveria ser. Isso coloca você fora do seu centro. Isso o arrasta para longe de si mesmo. Ela o ensina a ser como um Cristo ou ser como um Buda ou ser isso e aquilo. Ela nunca diz para você ser você mesmo. Nunca lhe permite a liberdade de ser. Ela impõe imagens de fora, externas, em sua mente.

Então surge o problema. Você pode fingir ao máximo, e, quando finge, você nunca fica satisfeito. Você sempre quer ser você mesmo, isso é natural, e a sociedade não permite. Ela quer que você seja outra pessoa. Ela quer que você seja falso. Não quer que você seja verdadeiro, porque pessoas verdadeiras são perigosas; pessoas verdadeiras são pessoas rebeldes. Pessoas verdadeiras não podem ser controladas com tanta facilidade, pessoas verdadeiras não podem ser arregimentadas. Pessoas verdadeiras viverão sua realidade à sua moda. Elas vão cuidar da própria vida e não vão se preocupar com outras coisas. Você não pode sacrificá-las. Em nome da religião, em nome do estado, da nação, da raça, você não pode sacrificá-las. É impossível seduzi-las para que façam qualquer sacrifício. As pessoas verdadeiras são sempre a favor da sua própria felicidade. A felicidade delas é suprema. Elas não estão dispostas a sacrificá-la por outra coisa. Esse é o problema.

Por isso a sociedade desorienta todas as crianças, ensina a criança a ser outra pessoa. Aos poucos ela aprende os caminhos do fingimento, da hipocrisia. Um dia, e essa é a ironia, a mesma sociedade começa a falar com você dessa maneira, começa a lhe dizer: "O que aconteceu com você? Por que não está feliz? Por que parece tão infeliz? Por que está tão triste?". E depois vêm os sacerdotes. Primeiro eles corrompem você, eles o desviam do caminho da felicidade, porque só uma felicidade é possível e ela consiste em ser você mesmo. Por isso eles dizem a você: "Por que você está infeliz? Por que parece tão infeliz?". E depois eles o ensinam a ser feliz. Primeiro, eles fazem você ficar doente e depois lhe vendem remédios. É uma grande conspiração.

Eu ouvi...

Uma velhinha judia senta-se num avião ao lado de um norueguês parrudo. Ela fica olhando para ele. Por fim, ela se vira para ele e diz: "Com licença, você é judeu?"

Ele responde: "Não".

Alguns minutos se passam e ela olha para ele novamente e pergunta:

"Você pode me dizer, você é judeu, não é?".

Ele responde: "Não sou, não".

Ela continua estudando o rosto dele e diz novamente: "Tenho certeza, você é judeu".

Para fazê-la parar de incomodá-lo, o cavalheiro responde: "Ok, eu sou judeu".

Ela olha para ele e balança a cabeça e diz: "Você não parece".

É assim que as coisas são. Você me pergunta: "Como eu posso ser eu mesmo?". Apenas abandone os fingimentos, abandone esse desejo de ser outra pessoa. Abandone esse desejo de se parecer com Cristo, Buda, Mahavira, Krishna, de se parecer com seu vizinho. Abandone a concorrência e esqueça a comparação e você será você mesmo.

A comparação é o veneno. Você está sempre pensando em termos de como o outro é. Ele tem uma casa grande e um carro grande, e você é infeliz. Ele tem uma mulher bonita e você é infeliz. Ele está avançando na escalada do poder e da política, e você é infeliz. Compare e você imitará. Se você se comparar com os ricos, vai começar a correr na mesma direção. Se você se comparar com as pessoas instruídas, vai começar a acumular conhecimento. Se você se comparar com os chamados santos, vai começar a acumular virtudes e passará a imitá-los. E imitar é perder toda a possibilidade de ser você mesmo.

Esqueça a comparação. Você é único. Ninguém mais é como você, ninguém mais foi como você e ninguém mais vai ser como você. Você é simplesmente único. E, quando digo que você é único, não estou dizendo que você é melhor do que os outros, lembre-se. Estou simplesmente dizendo que eles também são únicos. Ser único é uma qualidade de todos os seres. Ser único não é uma comparação. Ser único é tão natural quanto respirar. Todo mundo está respirando e todo mundo é único. Enquanto está vivo, você é único. Apenas cadáveres são todos iguais; pessoas vivas são únicas. Elas nunca são semelhantes, não podem ser.

> Imitar é perder toda a possibilidade de ser você mesmo.

A vida nunca segue um curso repetitivo. A existência nunca se repete. Ela continua cantando uma nova canção todos os dias, ela pinta algo novo todos os dias. Respeite a sua singularidade e esqueça a comparação.

A comparação é a culpada. Depois que se compara, você está competindo. Não se compare com ninguém; essa pessoa não é você; você não é ela. Você vai ser você mesmo; ela vai ser ela mesma. Deixe que ela seja o que é e relaxe em seu ser. Comece a desfrutar de tudo que você é. Delicie-se com os momentos que estão disponíveis para você. A comparação traz o futuro, a comparação traz ambição e a comparação traz violência. Você começa a lutar, a discutir; você se torna hostil.

A vida não é uma mercadoria. A felicidade não é uma mercadoria, que, se os outros têm, você também não pode ficar sem.

"Se os outros têm felicidade, como você pode ter também?" A felicidade não é uma mercadoria. Você pode ter o quanto quiser. Só depende de você. Ninguém é competitivo quanto a isso; ninguém é um concorrente seu. Assim como o jardim é lindo e você pode contemplar e apreciar, as outras pessoas podem contemplar e apreciar também. Só porque outra pessoa está apreciando o jardim e dizendo que ele é lindo, isso não significa que você não possa apreciar também. Essa pessoa não está prejudicando você. O jardim não ficou menor porque ela o apreciou; o jardim não é menos porque ela está encantada com a beleza dele. Na verdade, o jardim se torna mais, porque, quando ela o apreciou, adicionou uma nova dimensão a ele.

> *A vida não é uma mercadoria.*

As pessoas felizes estão, na verdade, acrescentando alguma qualidade à existência. Apenas por serem felizes, elas estão criando vibrações de felicidade. Você pode apreciar este mundo cada vez mais, se cada vez mais as pessoas estiverem felizes. Não pense em termos de competição. Não é que você pode ser feliz se elas estiverem felizes; não é que você possa saltar sobre elas e lhes arrebatar a felicidade, que você tenha de competir.

Lembre-se, se as pessoas estiverem infelizes, será muito difícil para você ser feliz. A felicidade está disponível a todos. A felicidade está disponível para quem quer que abra seu coração. Essa felicidade eu chamo de divindade.

Não é que alguém a tenha conquistado. Não é como um cargo político; uma pessoa se tornou o presidente de um país, agora ninguém mais pode se tornar o presidente, é verdade. Mas se uma pessoa atingiu a iluminação, isso não impede ninguém de atingir a iluminação também; na verdade, ajuda. Como Buda atingiu a iluminação, ficou mais fácil para você atingir a iluminação também. Como Cristo atingiu a iluminação, ficou mais fácil para você atingir a iluminação também. Alguém já trilhou aquele caminho; a pessoa deixou pegadas ali, deixou dicas sutis para você. Você pode avançar com mais facilidade, com mais confiança, com menos hesitação. Toda a Terra pode atingir a iluminação; todo ser pode se tornar iluminado. Mas nem todo mundo pode se tornar presidente. Um país tem seiscentos milhões de pessoas, apenas uma pessoa pode se tornar o presidente, claro que cria uma competição. Mas todos os seiscentos milhões de pessoas podem atingir a iluminação, isso não é um problema.

Nada que é divino é competitivo. E o seu ser é divino. Então basta esclarecer as coisas. A sociedade confundiu sua cabeça, ensinou o modo de vida competitivo. A religiosidade não é um modo de vida competitivo. A sociedade é ambição, a religiosidade não é ambiciosa. E só quando você não é ambicioso é que pode ser você mesmo. É simples.

Como uma pessoa pode ser feliz?

SE VOCÊ QUER SER FELIZ, VOCÊ VAI SE TORNAR UMA PESSOA INFELIZ, pois esse "querer muito" cria infelicidade. É por isso que as pessoas são infelizes. Todo mundo quer ser feliz e todo mundo vive infeliz. Você não consegue ver isso? Você já conheceu uma pessoa que não quisesse ser feliz? Se você já conheceu uma pessoa assim, vai descobrir que ela é feliz. Se você conhece uma pessoa que diz: "Eu não quero ser feliz, não me importo nem um pouco", então você verá de repente que ali está uma pessoa totalmente feliz.

As pessoas que querem ser felizes serão infelizes na mesma proporção. Se elas querem ser muito felizes, elas também serão muito infelizes, pois a proporção da infelicidade será a mesma do seu desejo pela felicidade. O que causa isso? As pessoas me procuram e perguntam: "Todo mundo no mundo quer ser feliz, mas então por que tantas pessoas, quase o mundo todo, são infelizes?". É por isso: porque elas querem ser felizes.

A felicidade não pode ser desejada. Você deseja e o resultado é a infelicidade. O desejo traz a infelicidade. A felicidade é um estado de não desejo; a felicidade é um estado de grande compreensão de que o desejo traz infelicidade.

Há duas maneiras de ser feliz: uma é arrebatar a vida, a outra é se desapegar dela. A primeira exige a felicidade, recusando todo o resto, e vivendo assim a esperança e o medo, o sonho e a rejeição. O segundo caminho aceita a felicidade quando ela acontece, mas não a exige e aceita todo o resto também. É na aceitação de todo o resto que a felicidade vem; a pessoa não está mais presa ao desejo temeroso de ter, nem à vontade frenética de segurar, nem à febre de se agarrar aos fiapos de certeza. Em vez disso, há a facilidade de nadar com o rio, seguindo a correnteza do rio.

Você pergunta: "Como alguém pode ser feliz?". Isso significa que você quer se agarrar à vida, você quer ser agressivo com a vida. Você não pode ser feliz assim; a vida só vem para quem não é agressivo; a vida vem apenas para aqueles que demonstram uma receptividade profunda e passiva. Você não pode ser violento com a vida. Como você é violento, você está infeliz e miserável, você continua sentindo falta da vida, a vida lhe escapa. Ela continua escapando das suas mãos. Você é um estuprador, você quer estuprar a vida – é por isso você é infeliz.

A vida vem dançando, mas isso só acontece quando você não é violento, agressivo. Quando você não é ambicioso, quando não está nem procurando a felicidade, quando está simplesmente aqui, de repente você descobre que a felicidade está se derramando, ocorre um encontro entre você e a felicidade.

E aquele que realmente conhece a arte de ser feliz (ou seja, sem desejar) sabe também que o que quer que aconteça tem que ser aceito profundamente, sem rejeição. Então, aos poucos, tudo se transforma em felicidade. Pequenas coisas que não fazem muito sentido, quando você as aceita tornam-se muito significativas. Coisas que você continua rejeitando criam infelicidade. Quando você supera a sua rejeição e as aceita de todo coração, você as abraça, de repente você sente uma graça surgindo em você. Lentamente, bem aos poucos, à medida que o entendimento cresce e à medida que a falta de desejo cresce, a pessoa se torna mais cheia de felicidade. Ela não só se torna feliz, como começa a transbordar. A pessoa começa a se aproximar das outras, começa a compartilhar sua felicidade com as outras pessoas.

Por isso esta é a minha sugestão: não seja agressivo, relaxe. É assim que a felicidade vem. Espere em oração, com gratidão. É assim que ela vem. Seja receptivo, seja feminino e a felicidade virá. Não seja masculino, agressivo.

Você pode ver isso em todo o mundo: países que buscam demais a felicidade são os países mais infelizes. Por exemplo, os Estados Unidos estão sempre atrás da felicidade. Esse anseio, esse esforço constante para ser feliz está deixando os americanos neuróticos. De cada quatro americanos, três são neuróticos. E o quarto eu não posso dizer que não seja neurótico, ele também é duvidoso, ambíguo, vago. Isso nunca aconteceu na história do homem, tantas pessoas numa espécie de neurose, como se a neurose agora fosse o estado normal da humanidade. É porque nunca antes as pessoas correram tanto atrás da felicidade, é por isso.

Vá visitar uma tribo, pessoas que ainda vivem sem uma civilização, pessoas que são chamadas de "primitivas, atrasadas" pelos americanos. Simplesmente vá e você vai encontrá-los imensamente felizes. Eles estão atrasados e mais cedo ou mais tarde os missionários irão e os farão avançar, vão educá-los e vão abrir escolas e hospitais e vão fazer um "grande serviço" para eles, e em breve todos estarão infelizes e precisarão de psiquiatras e psicanalistas. Aí os missionários vão ficar felizes; eles fizeram o seu trabalho. Que grande serviço eles prestaram ao povo! Fazem um ótimo trabalho e são realmente pessoas devotadas, mas não sabem exatamente o que estão fazendo.

Os Estados Unidos precisam se tornar um pouco "atrasados" e aquelas pessoas tão atrasadas, por favor, deixem-nas em paz! Elas são a única esperança. Mas não toleramos essas pessoas felizes. Talvez seja ciúme, não toleramos essas pessoas.

Uma vez um homem me procurou. Durante trinta anos, ele tinha educado crianças aborígenes numa selva em Bastar; ele havia dedicado sua vida inteira a elas. Ele procurou Gandhi quando tinha 30 anos e desde então estava trabalhando com as crianças, dedicou toda a sua vida a elas. Ele veio me pedir ajuda, pois queria que alguns dos meus sanyasins fossem ensinar os aborígenes. Eu disse: "Você procurou a última pessoa que faria isso. Eu não poderia fazer tanto mal a essas pessoas".

Conheço esse povo de Bastar, já estive com eles. São algumas das pessoas mais bonitas do mundo; deveriam ser preservadas. São o único povo feliz que existe. Ainda sabem dançar e cantar e amar e aproveitar a vida. Eles não filosofam, não sabem aritmética e não sabem história; não sabem geografia e não sabem escrever. Mas eles ainda vivem, ainda têm graça. Quando andam, você pode ver que eles ainda têm vigor, seus olhos são tão inocentes... Por séculos, ninguém se suicidou; eles nunca souberam de alguém que já tenha cometido suicídio em sua tribo.

E se às vezes um assassinato acontece, então a própria pessoa se entrega e relata ao tribunal: "Eu matei. Por isso, seja qual for o castigo, estou pronto para arcar com as consequências". A pessoa vai à delegacia; talvez tenha que andar 300 quilômetros, porque a delegacia está muito longe daquelas selvas, e é bom que esteja longe. O homem que assassinou vai caminhar 300 quilômetros até a delegacia e se renderá. Ninguém estava perguntando nada a ele, ninguém estava atrás dele. É um belo povo.

E eles amam imensamente. Você ficaria surpreso. Mesmo assim são chamados de povo atrasado. Eles têm um pequeno salão no centro da cidadezinha, uma aldeia para os filhos. E, depois que eles passam a se interessar por sexo, todos os adolescentes da comunidade dormem nesse salão. Eles estão autorizados a fazer amor, mas ninguém tem permissão para ficar com nenhuma garota por mais de três dias. Assim, todos os meninos e todas as meninas se familiarizam uns com os outros na tribo. Aprendem sobre a não ser possessivos e que o sexo é apenas um jogo. E têm toda a liberdade: ali não há tabus, não há repressão, não há possibilidades. No momento em que um adolescente se torna sexualmente capaz ou interessado em sexo, ele é imediatamente levado para dormir no salão comum e tem de encontrar parceiros. E eles se conhecem. Todos os meninos se familiarizam com todas as meninas, todas as meninas se familiarizam com todos os meninos. E só então eles escolhem.

Depois que eles se casam, o casamento tem uma beleza imensa. É muito íntimo, porque depende de uma espécie de sintonia. O menino já conheceu todas as meninas, por isso ele escolheu a menina que tocou mais fundo o seu coração, e com ela ele vai mais fundo na abstração. Ele sabe com quem pode ter o maior orgasmo, agora não é mais adivinhação. Ele não decide pelo tamanho do nariz e a cor do cabelo. Essas são apenas coisas tolas, ele não decide pela altura e pelo peso. Não decide pelas roupas, porque são pessoas que vivem nuas. Ele simplesmente decide pela experiência mais íntima do orgasmo – com quem ele tem a maior experiência, o maior êxtase. A decisão vem desse êxtase. E essas são pessoas atrasadas? São as pessoas mais libertas.

E por isso, naturalmente, não há divórcio, não há porque o homem achou a sua mulher e a mulher achou seu homem; encontraram o parceiro certo, como se fossem feitos um para o outro. Não é poético, não é uma fantasia vaga, não é uma coisa de cabeça. É uma grande experiência e, depois que essa experiência se estabelece, não há pressa; a sociedade os deixa em paz, a menos que decidam, a menos que encontrem um parceiro com quem realmente queiram ir para o outro mundo, para a outra dimensão, com quem o sexo não seja mais sexo, mas se torne uma oração, depois que encontram esse parceiro, só então; mesmo assim, a sociedade lhes diz para esperar pelo menos um ou dois anos: vá com o parceiro e esperem dois anos, após a decisão, antes de se casarem. Porque depois que se casa, você se aquieta; não deve haver mais necessidade. Por isso dois anos... Se a lua de mel se prolongar e, depois de dois anos, o rapaz ainda estiver com a garota, e a garota ainda estiver com o rapaz, e ambos ainda estiverem pensando em casamento, só então a sociedade os abençoa.

Eles não conhecem o divórcio. Mas os missionários ficam muito perturbados com essas pessoas "repulsivas". Acham que são pessoas repulsivas porque permitem a liberdade sexual. Os missionários sexualmente obcecados e reprimidos acham que se trata de pessoas imorais. Elas não são imorais: são amorais, certamente, mas não imorais. Não conhecem nenhuma moralidade. Eles são mais científicos e sua abordagem é mais prática e pragmática.

Como você decide? Como você decide que vai ficar com essa mulher por toda a sua vida? A sociedade não lhe permite a experimentação; você não conheceu outras mulheres, então vai se apaixonar por uma mulher e imediatamente se casar com ela. Um dia você vê outra mulher passando na rua, vocês ficam interessados e depois fascinados um pelo outro. Agora o que fazer? O ciúme surge.

Nem um único caso de amor ilícito é conhecido naquela pequena comunidade dos aborígenes Bastar. Depois que uma pessoa se estabeleceu com seu parceiro, ambos se aquietam. Não há ciúmes, não há vigilância por parte do casal; eles não ficam com ciúmes um do outro. Eles se estabelecem com base na sua própria experiência do coração; encontram sua mulher, seu homem. Eles não sabem ler, mas o que há para ler? Eles sabem ler a natureza, sabem como falar com as árvores, sabem dialogar com o céu. Sabem ler de verdade, porque leem o livro da vida e da natureza. Sim, eles não vão acumular muito dinheiro, não vão se tornar Fords e Andrew Carnegies e J.P. Morgans, não vai ficar tão ricos. Não há necessidade de ninguém se tornar tão rico, porque, se uma pessoa fica tão rica, milhões de pessoas ficam pobres. Ninguém é rico e ninguém é pobre. Eles têm uma bela tradição a cada ano, segundo a qual tudo o que você acumulou, você tem de distribuir; no primeiro dia do ano, eles distribuem suas coisas. Por isso ninguém acumula muito. Como você pode acumular se a cada ano você tem de doar tudo? Tudo o que tem, você tem de distribuir. Por isso ninguém fica muito apegado às coisas; são pessoas nem um pouco possessivas.

Eles têm o suficiente para desfrutar; trabalham duro, são pessoas saudáveis, e a natureza lhes fornece mais do que o necessário. Se você não quer ficar rico, a natureza tem o suficiente para satisfazê-lo. Se você quer ficar rico, não há como você ter contentamento, ter felicidade para sempre. Alguém fez uma pergunta: "Osho, você diz que as crianças devem ouvir os pássaros e não olhar para o quadro-negro. Então o que vai acontecer?". Coisas bonitas acontecerão, coisas maravilhosas vão acontecer. Se por cem anos todas as universidades ficarem fechadas e todas as faculdades e todas as escolas, as pessoas se tornarão vivas de novo. Sim, eu sei que não haverá tanto dinheiro para acumular, o dinheiro vai desaparecer. Mas haverá mais vida e isso é que é necessário. Você não pode comprar a vida com dinheiro; você não pode comprar amor com dinheiro. Dinheiro você tem. A pessoa que perguntou isso também perguntou como essas crianças vão ganhar a vida... Você acha que cinco mil anos atrás, quando as pessoas não eram instruídas, não eram capazes de ganhar seu sustento? Elas eram. Viver nunca foi um problema. E elas tinham uma coisa: mais vida. Agora você tem apenas que viver, mas não tem vida. Você pensa apenas em ter um melhor padrão de vida, você não pensa em ter um tipo melhor de vida. Você tem quantidade, mas a qualidade desapareceu.

A natureza é abundante, é suficiente para nos satisfazer. Mas se os nossos desejos ficarem neuróticos, então, naturalmente, a natureza não pode satisfazer esses desejos. Quando estamos atrás de desejos neuróticos (dinheiro, poder, prestígio), é natural que exista pobreza, fome, guerra. Guerras, fome e pobreza existem por causa das suas escolas: suas escolas ensinam ambição; suas escolas ensinam as pessoas a ter inveja umas das outras, a serem competitivas umas com as outras.

O que ensinamos em nossas escolas? Por exemplo, um professor faz uma pergunta e o menino não sabe respondê-la. Ele pode não ter feito sua lição de casa; talvez ele tenha adormecido à noite, talvez houvesse um belo filme na TV, ou havia mil e uma coisas para distraí-lo e coisas bonitas, coisas boas. Ou talvez houvesse visitas na casa e ele gostasse da companhia delas. Ele não soube responder. Agora ele está lá como um culpado, um criminoso, um condenado. Ele não pode responder à pergunta. E outro menino está acenando com a mão e, saltando na carteira, e quer responder. É claro que a professora fica feliz e o outro menino responde. Ora, o que esse menino fez? Ele explorou o sofrimento do primeiro menino, ele provou ser melhor do que o outro, ele explorou a situação.

Isso não seria assim numa aldeia aborígene. Lá eles não exploram as situações um do outro. Antropólogos, que não conseguem entender isso, encontraram tribos que não perdoam esse segundo menino, porque o segundo menino é cruel, violento. Se o primeiro estava sofrendo, numa sociedade tribal nenhum menino responderia, todos ficariam quietos. Seria considerado feio, violento que, quando alguém está sofrendo, alguém explorasse a situação e respondesse e se desse bem. Essas pessoas são consideradas atrasadas? Elas não são, elas são a única esperança.

Mais uma coisa: a pessoa perguntou o que vai acontecer com a vida das pessoas se elas não souberem aritmética e se não conhecerem geografia e história. Como vão ganhar a vida? E que tipo de sociedade será?

Sim, não haverá muito dinheiro; pode não haver grandes palácios; pode não haver parafernálias tecnológicas caras, tecnologia. Mas haverá alegria. E toda a tecnologia não vale um único momento de alegria. Haverá amor e dança e música e sentimento, e as pessoas voltarão a fazer parte da natureza. Elas não vão lutar com a natureza, não vão brigar com a natureza; elas não vão destruir a natureza. Não haverá problemas ecológicos. Se as escolas continuarem, a natureza vai morrer e, com a natureza, nós vamos morrer.

E mais uma coisa: não estou dizendo que todos os meninos e meninas iriam gostar do canto dos pássaros na janela. Não, haveria meninos e meninas que gostariam mais do quadro-negro, que gostaria mais da aritmética. Então, isso é para eles! Nem todos precisam ir para a escola, essa é a minha abordagem: apenas aqueles que têm um sentimento intrínseco pela educação escolar devem ir para a escola.

E existem pessoas que amam mais aritmética do que a natureza. Há pessoas que amam mais a literatura do que as árvores. Tem gente que ama engenharia, tecnologia, mais do que amam a música, a dança, as canções. Essas são as pessoas que devem ir para a escola. Nem todos são iguais. Essas pessoas devem ser instruídas tanto quanto quiserem, é preciso ajudá-las.

Não deveria haver uma educação universal: isso é crime. Significa que você está forçando pessoas que não querem ir para a escola. Isso é antidemocrático. A educação universal é ditatorial.

Num mundo realmente democrático, o menino ou a menina que queira ir para a escola irá para a escola. Mas um menino que queira ser carpinteiro será carpinteiro, e o menino que queira se tornar pescador se tornará pescador. Uma mulher que quiser cozinhar vai cozinhar e a mulher que quiser dançar vai dançar, e aquela que quiser se tornar cientista, uma Madame Curie, será bem-vinda.

As pessoas devem se mover de acordo com a sua natureza interior, nada deveria ser imposto a elas. Essa educação universal está destruindo as pessoas. É como se – apenas pense em outro exemplo – um ditador que adorasse dançar obrigasse todo mundo a dançar. Isso seria uma coisa feia. Haveria pessoas que não gostariam de dançar e, se você as forçasse a dançar, que tipo de dança seria essa? Se viesse um ditador que quisesse impor que todos se tornassem poetas e abrisse escolas e faculdades para ensinar poesia e todos tivessem de fazer poesias, que mundo seria esse? Um mundo muito feio. Apenas algumas pessoas – um Shakespeare, um Kalidas, um Milton, um Dante – o apreciariam. Mas e os outros? Eles seriam simplesmente infelizes.

E é isso que está acontecendo. Quando você força a aritmética, é isso que você está fazendo. Quando você força a geografia a todos, é isso que você está fazendo. Quando você força qualquer coisa a todos, isso é o que você está fazendo. Nada deve ser forçado, a criança precisa ter permissão para encontrar o seu próprio caminho. E, se ela quer ser sapateiro, tudo bem; não há necessidade de se tornar presidente. O sapateiro é belo se gosta do seu trabalho, se está feliz com seu trabalho, se ele se encontrou em seu trabalho. Nada de educação universal.

Os missionários são as pessoas mais perigosas. Um mundo sem missionários será um mundo lindo. Com eles, tornou-se um inferno.

Você pergunta: "Como alguém pode ser feliz?". Esqueça a felicidade. Não é possível alcançar a felicidade diretamente. Em vez disso, pense no que você gosta, no que mais gosta de fazer, e mergulhe nisso. E a felicidade virá por si só. Se você gosta de nadar, nade; se você gosta de cortar lenha, corte lenha. Seja o que for que você gosta, faça isso e fique absorto nisso. E de repente, quando estiver absorto, você encontrará aquele clima vindo até você, aquele clima ensolarado de felicidade. De repente você descobre que está tudo ao seu redor. As pessoas têm de ficar absorta no que estão fazendo. A felicidade é uma consequência, não é um objetivo. Fazendo o que você quer fazer, a felicidade vem.

Por que sempre crio infelicidade ao meu redor?
Estou começando a ver que eu sempre acabo
escolhendo esse mesmo círculo vicioso.
Seria essa própria escolha a infelicidade?

SIM, A ESCOLHA EM SI É a infelicidade básica. Todas as outras surgem dela. No momento que escolhe, você não está mais inteiro; algo foi rejeitado, algo foi escolhido. Você escolheu um lado, você é a favor de uma coisa e contra outra. Você não está mais inteiro.

Você diz: "Eu escolho a meditação e não vou ficar mais com raiva" – a infelicidade está prestes a acontecer. A meditação não acontecerá, só a infelicidade acontecerá. Em nome da meditação, agora você será infeliz e é possível encontrar belos nomes para a infelicidade de alguém.

A escolha em si é a infelicidade. Não escolher é ser feliz. Olhe! Olhe fundo, o mais fundo possível e você vai ver que a escolha é si é infelicidade. Mesmo que você escolha a felicidade, a infelicidade surgirá. Não escolha e depois veja o que acontece.

Mas é muito difícil não escolher. Nós passamos a vida toda escolhendo; toda a nossa vida tem sido a de alguém que escolhe. Nós acreditamos que, a menos que escolhamos, quem vai escolher por nós? A não ser que a decisão seja nossa, quem vai decidir por nós? A menos que lutemos, quem vai lutar por nós? Nós acreditamos numa ideia muito tola: a de que a existência está contra nós, que temos de lutar, que temos de estar constantemente em guarda contra a existência.

A existência não está contra você. Você é apenas uma ondulação nesse oceano. Você não está separado da existência. Como pode a existência estar contra você? Você faz parte dela. É a existência que lhe concedeu seu nascimento. A mãe pode ser contra o filho? Isso é o que chamo de consciência religiosa. Entender esse ponto é tornar-se religioso. Depois desse entendimento, você não precisa mais ser hindu ou muçulmano ou cristão, mas você será religioso. Na verdade, se for hindu, cristão ou muçulmano, você não pode ser religioso; você não entendeu nada da profundidade da consciência religiosa.

> A existência não está contra você. Você é apenas uma ondulação nesse oceano.

O que é consciência religiosa? A existência é nossa casa; nós pertencemos a ela e ela pertence a nós. Por isso não há necessidade de se preocupar e não há necessidade de lutar por fins particulares e objetivos particulares. Você pode relaxar quanto a isso – no sol, no vento, na chuva. Você pode relaxar. O sol é parte de nós assim como somos parte do sol; e as árvores são parte de nós como nós somos parte das árvores. Basta ver que toda a existência é uma interdependência, uma rede extremamente intrincada, mas tudo se une a todo o resto. Nada é separado. Então, para que escolher? Viva tudo o que você é em sua totalidade.

O problema surge porque, dentro de você, há opostos polares, e a mente lógica pergunta: "Como você pode ser os dois?". Outra pessoa me perguntou: "Sempre que estou apaixonado, a meditação sofre uma perturbação. Sempre que medito, começo a perder o interesse pelo amor. Então o que fazer? O que escolher?". A ideia da escolha surge porque existem polaridades. Sim, é verdade: se você se apaixonar, tenderá a esquecer a meditação e, se entrar em meditação, você perderá o interesse pelo amor. Mas ainda não há necessidade de escolher. Quando você sentir vontade de se apaixonar, mova-se na direção do amor – não escolha. Quando você sentir vontade de entrar em meditação, mova-se na direção da meditação – não escolha. Não há necessidade de escolher.

O desejo por ambos nunca surge ao mesmo tempo. Isso é algo extremamente significativo para se entender: o desejo de ambos nunca surge ao mesmo tempo. É impossível, porque o amor significa o desejo de estar com outra pessoa, o amor significa estar

Respostas a Perguntas

focado no outro. A meditação significa esquecer o outro e se concentrar em si mesmo – ora, ambos os desejos não podem surgir ao mesmo tempo.

Se você quer estar com outra pessoa, isso significa que você está cansado de si mesmo – e, quando você quer estar com você mesmo, isso significa que você está cansado do outro. É um belo ritmo. Estar com o outro cria em você um desejo profundo de ficar sozinho. Você pode perguntar aos amantes – todos eles às vezes sentem o desejo de ficar sozinhos. Mas eles têm medo, porque acham que isso vai contra o amor, e o que dirá a mulher ou o que dirá o homem? O outro pode se sentir ofendido. Por isso eles fingem, mesmo querendo estar sozinhos, que o deixem sozinhos; eles querem seu próprio espaço, mas fingem e continuam juntos. Esse fingimento é falso, é destrutivo para o amor e torna o relacionamento falso.

Quando você sentir vontade de ficar sozinho, com todo respeito, com todo amor, diga ao outro: "Um grande desejo de ficar sozinho está surgindo em mim e eu tenho de mergulhar nele. Não é uma questão de escolha. Por favor, não se sinta ofendido. Não tem nada a ver com você. É simplesmente meu próprio ritmo interior". E isso ajudará o outro a também ser autêntico e verdadeiro com você. Lentamente, bem aos poucos, se você realmente ama uma pessoa, os ritmos começam a se sincronizar, esse é o milagre, a magia do amor. Se o amor realmente aconteceu entre duas pessoas, esse resultado é absoluto, essa consequência vai acontecer. Eles começarão a sentir ao mesmo tempo o desejo de ficarem juntos e o desejo de ficarem separados. Eles se tornarão um ritmo só: às vezes se aproximando e ficando juntos e absortos um no outro, esquecendo-se de si mesmos, e depois se afastando um do outro, retirando-se, ficando separados, em seus próprios espaços, tornando-se eles mesmos, tornando-se meditadores.

Entre a meditação e o amor não há escolha; ambos têm de ser vividos. Seja o que for que estiver surgindo em você, seja qual for o seu anseio mais profundo no momento, mova-se em direção a ele.

Você diz: "Por que eu sempre crio infelicidade à minha volta?". Isso deve trazer alguma recompensa. Você deve estar ganhando algo com isso; caso contrário, por que alguém deveria criar infelicidade?

Mas às vezes a infelicidade pode lhe proporcionar grandes benefícios. Você pode não estar ciente dos benefícios, você pode estar inconsciente dos benefícios, por isso continua pensando "Por que sempre crio infelicidade?" e você não está ciente de que sua infelicidade está lhe dando algo que você quer.

Por exemplo, sempre que você está infeliz, as pessoas são simpáticas com você. Se você está infeliz, sua esposa vem e coloca a mão na sua cabeça, massageia seu corpo, é muito, muito carinhosa, não incomoda você, não cria nenhum problema para você, não pede nada. Quando você está infeliz, há muitos benefícios. Talvez seja apenas porque você tem medo de que sua esposa peça um carro novo – já virou o ano e os novos modelos estão no mercado. Agora, ser infeliz simplesmente faz sentido economicamente. Você chega em casa com dor de estômago e dor de cabeça, chega com uma expressão infeliz, e a sua mulher não consegue reunir coragem para falar sobre um carro novo, porque você parece muito triste.

Você tem de olhar ao redor. As crianças começam a sentir dor de barriga no instante em que o ônibus escolar chega de manhã e elas têm de ir para a escola. E você sabe disso! Você sabe por que a criança tem dor de barriga. Mas o mesmo acontece com você. Não é muito diferente, é a mesma coisa. Talvez um pouco mais sofisticado, mais astuto, mais racionalizado, mas é a mesma coisa.

Quando as pessoas começam a sentir que estão falhando na vida, elas criam ataques cardíacos, pressão alta e todo tipo de coisa. São racionalizações, o que você pode fazer? Você já viu? Ataques cardíacos e pressão alta quase sempre começam quando a pessoa se aproxima dos 42 anos. Por que quando ela se aproxima dos 42 anos? De repente uma pessoa saudável tem um ataque cardíaco. Quarenta e dois é a idade em que a vida chega a uma certa conclusão sobre se você falhou ou teve sucesso, porque depois dos 42 anos já não há muita esperança. Se você ganhou dinheiro, você ganhou. Por volta dos 42, você já ganhou, porque os dias de maior energia e poder se foram. Trinta e cinco é o auge. Você pode esperar mais uns sete anos; na verdade, há sete anos você já está indo ladeira abaixo. Mas você fez tudo que poderia fazer, e agora você fez 42 anos e de repente vê que não teve sucesso.

Agora você precisa de alguma racionalização; imediatamente sofre um ataque cardíaco. Isso é um grande benefício, uma bênção da existência. Agora você pode ficar na cama e dizer: "O que posso fazer? Esse ataque cardíaco atrapalhou tudo. Quando tudo ia ficar bem, quando eu ia ter sucesso, ter uma reputação ou ganhar dinheiro, esse ataque cardíaco me impediu". Então o ataque cardíaco é uma bela maneira de se camuflar; então ninguém pode dizer que você tem culpa, que você não trabalhou duro, que você não é inteligente o suficiente. Ninguém pode dizer qualquer coisa assim para você. Agora as pessoas vão sentir simpatia por você, todos serão bons para você e dirão: "O que você pode fazer? É o destino".

A infelicidade é sempre sua escolha porque ela lhe dá alguma coisa. Você tem de ver o que ela está lhe dando. Só assim você conseguirá se libertar dela. Caso contrário, você não conseguirá. A menos que esteja disposto a abandonar os benefícios, você não vai conseguir deixá-la de lado.

O diretor da Casa de Detenção de Elite estava levando um repórter para conhecer a sua nova prisão-modelo.

"Filho", disse o diretor, "isto é o que existe de mais moderno em termos de prisão. Se formos bem-sucedidos, todas as prisões seguirão o modelo desta aqui."

"Percebi que você tem belas quadras de tênis e várias piscinas", comentou o repórter.

"E as celas são totalmente acarpetadas" acrescentou o diretor. "Mas nós não as chamamos mais de celas. Apenas de unidades."

"Vocês puseram bons aparelhos de TV em cada unidade."

"Isso não é tudo. Temos um grande auditório e toda semana grandes artistas se apresentam."

"Eu certamente gosto do refeitório com os murais cênicos nas paredes."

"Você quer dizer o salão de jantar. Os prisioneiros pedem pratos à la carte *e a comida do* chef *é requintada."*

"A coisa mais fascinante que notei", comentou o repórter, "é que não há grades, cercas e quase nenhum guarda."

"Isso é porque ninguém quer fugir", sorriu o diretor.

"Como faço para entrar neste resort?*" perguntou o repórter.*

Se as prisões forem tão bonitas, quem vai querer sair delas? E se você não está saindo da sua prisão, olhe bem: deve haver algo (celas acarpetadas, um bom aparelho de TV, ar condicionado, belas pinturas, janelas sem grades, ninguém vigiando você) que está lhe dando uma sensação de absoluta liberdade. Então, por que você ia querer fugir disso? O repórter está certo. Ele pergunta: "Como faço para entrar neste *resort*?". A questão não é como sair da prisão, a questão é como entrar.

Olhe novamente a sua infelicidade, não a condene logo de cara. Se você condenar logo de cara, não vai poder observar, não vai poder analisar. Na verdade, não vai nem chamá-la de infelicidade, porque nossas palavras têm conotações. Quando você a chama de infelicidade, você já a condenou e, quando condenar algo, você se fecha para isso, você não olha para isso. Não chame isso de infelicidade. Chame isso de xyz, faz diferença. Chame de x, seja qual for a situação, seja um pouco matemático – chame de x, e então entre nisso e veja o que é, quais são seus benefícios, quais são as principais razões pelas quais você continua a criar isso, porque você está apegado a isso. E você ficará surpreso: isso que você tem chamado de infelicidade tem muitos aspectos que você adora.

> Olhe novamente a sua infelicidade, não a condene logo de cara.

A menos que você tenha visto e reconhecido essas coisas que você gostaria de ter, você não vai conseguir mudar nada. Mas há duas possibilidades. Uma possibilidade é: pare e pensar em sair dessa infelicidade. Essa é uma possibilidade porque os benefícios são tão grandes que você a aceita. E aceitar a infelicidade é uma transformação. A segunda possibilidade é ver que ela é criada por você mesmo, por seus próprios desejos inconscientes, e esses desejos inconscientes são tolos; vendo toda a tolice disso, você deixa de se apoiar nessa muleta. Esses desejos desaparecem por vontade própria. Essas são as duas possibilidades: ou a sua muleta desaparece e a infelicidade evapora, ou você simplesmente a aceita porque gosta de todas as coisas que ela lhe proporciona; você a acolhe e, ao acolhê-la, a infelicidade desaparece.

Esses são os dois aspectos da mesma moeda. Mas entender isso é necessário. A total compreensão da sua infelicidade vai transformar você. Ou você abandona por meio da sua compreensão ou você aceita tudo. Esses são os dois caminhos, o negativo e o positivo, para que a transformação aconteça.

Barney visitou seu primo Delbert em Taxonia, uma pequena cidade no centro-oeste.

"Odeio esta cidade", confessou Delbert. "Eu a odeio com todo o meu ser."

"Por que razão?", perguntou Barney.

"Os impostos. Pagamos mais impostos do que qualquer outra cidade", reclamou Delberto. "E eu odeio impostos."

"Os impostos são necessários para o governo", argumentou Barney.

"São impostos demais. Você notou que a maioria das construções desta cidade são térreas? Isso porque, quanto mais andares tem a sua casa, mais imposto você paga."

"Isso não é tão terrível assim", respondeu Barney.

"Além disso, você viu muitas casas com um gramado na frente?"

"Muito poucas, devo admitir."

"Isso é porque há um imposto sobre gramados."

"O que é aquele terreno gramado nesta rua?"

"Aquele é o cemitério da cidade, onde eles colocam as pessoas que são tributadas até a morte."

"Se você odeia tanto esta cidade, por que não vai embora?"

"Não quero pagar o imposto da mudança e do transporte."

Basta olhar para a sua infelicidade: ou você vai descobrir que vale a pena mantê-la, e então você a aceita, aceita-a na sua totalidade, ou você descobre que, na verdade, não vale a pena mantê-la. Assim que você faz essa descoberta, ela desaparece.

Num sentido mais mundano, sou feliz em todos os sentidos. Mas ainda assim não estou feliz e não consigo descobrir o motivo da minha infelicidade. Por favor me oriente.

SOMENTE UMA PESSOA que se dá conta de que é feliz em todos os sentidos, no sentido mundano, descobre pela primeira vez que a felicidade não tem substância. A pessoa infeliz não pode saber disso. A pessoa infeliz vive na esperança de que, se puder encontrar a felicidade mundana, tudo vai ficar bem. A esperança de uma pessoa infeliz está muito viva. Nos olhos de um homem infeliz sempre há uma chama de esperança. Somente nos olhos das pessoas consideradas felizes essa chama de esperança se desvanece. É por isso que eu sempre digo que só a pessoa feliz (feliz no sentido mundano) pode começar uma busca religiosa.

Quando você tem a chamada felicidade e ainda não se sente feliz, só então fica claro que não pode haver felicidade neste mundo. Tudo o que você poderia obter do lado de fora, você obteve. Agora você está numa situação em que todas as ilusões se foram, em que todas as miragens de todos os sonhos foram estilhaçadas; você levantou o véu e viu que não há nada ali dentro e não há ninguém ali dentro, apenas um vazio. Você certamente vai ficar incomodado.

Quando alguém se contenta em todos os sentidos no sentido mundano, isso significa que essa pessoa se encontra em dificuldade.

"O que é a matéria? Agora não há mais nada que eu queira. Eu tenho tudo: dinheiro, *status*, respeito, família... Eu deveria estar completamente feliz, isso é o que eu queria. Até um tempo atrás eu estava infeliz porque essas coisas me faltavam, mas por que estou infeliz agora? Agora eu não deveria estar infeliz."

Sua ilusão foi abaixo. O que você achava que eram as causas de sua infelicidade não eram as causas reais. Você estava achando que, se você tivesse todas essas coisas, seria feliz. Mas agora que você as tem, e a felicidade não vem, você descobre que toda a sua análise da felicidade estava errada. Algo mais era necessário para alcançar a felicidade. Para atingir a felicidade algo deve despertar dentro de você.

A felicidade não ocorre quando se cumprem algumas condições externas. A felicidade é a sombra do despertar do eu. Só se conquista a felicidade quando se encontra o divino e o divino está escondido dentro de você, aguardando. Mas você continua correndo lá fora, de costas para ele. Mesmo que você saia em busca do divino, você se volta para fora, para Kashi, para Kaaba, para Kailash. Você procura o divino em templos, mesquitas e *gurdwaras*...

A felicidade não ocorre quando se cumprem algumas condições externas.

Quando você vai fechar os olhos? Quando vai olhar para dentro de si mesmo? Quando vai buscar dentro do próprio buscador?

Faça um breve contato com a consciência que está dentro de você. Espalhe suas raízes nela um pouco. Familiarize-se com ela. É justamente nesse encontro que nasce a felicidade.

Não há felicidade neste mundo nem pode haver. Nunca houve e nunca haverá. A felicidade só acontece quando você encontra o mestre interior oculto.

Familiarize-se com o divino, crie um relacionamento com ele, uma relação de amor, una-se a ele pelo fio do amor, até que um delicado fio de amor e uma chuva infinita de felicidade se façam perceber. O que você não conseguiu alcançar conquistando o mundo inteiro você consegue num instante de iluminação.

A riqueza está dentro de você. Você já nasce com essa riqueza. A felicidade é a sua natureza. A felicidade não precisa ser conquistada, nem é preciso cumprir nenhuma condição. A felicidade é incondicional, porque é a sua natureza interior. Ser infeliz não é natural, ser feliz é um estado natural.

Assim como é da natureza do fogo ser quente, é da natureza do homem ser feliz. Ao ver uma pessoa feliz, não pense que algo especial aconteceu a ela. O homem feliz é o homem normal, comum, o homem simples. Mas, quando vê uma pessoa infeliz, você sabe que algo deu errado e que isso é algo fora do normal. O homem infeliz não é um homem comum, porque ele conseguiu demonstrar o que não deveria acontecer. O homem feliz está exibindo apenas o que ele estava destinado a ser, assim como não se considera algo especial um cuco arrulhando e cantando. Sim, se um dia um cuco começasse a grasnar como um corvo, então haveria um problema.

A felicidade do homem é uma coisa completamente natural. Assim como as árvores são verdes, as flores têm perfume e os pássaros abrem as asas e voam no céu, do mesmo modo a felicidade é a natureza intrínseca do homem. Chamamos essa natureza intrínseca de *sat-chit-anand*: verdade-consciência-felicidade. Ela possui três características: verdade, consciência e felicidade. A verdade significa aquilo que existe e nunca será destruído, é eterno. A consciência significa percepção, vigília, meditação, iluminação. E a felicidade é a culminação: a fragrância de bem-aventurança que surge na pessoa que está absorta em meditação.

Primeiro torne-se verdadeiro para que você possa se tornar consciência, e o dia em que você se tornar consciência será o dia em que a fragrância da felicidade surgirá. A árvore da verdade traz as flores da consciência e a fragrância da felicidade é liberada.

A felicidade não tem nada a ver com o que você tem ou não tem. A felicidade está relacionada com o que você é. Por mais coisas que você possa acumular, talvez elas possam aumentar suas preocupações, seus problemas, mas a felicidade não aumentará por causa delas. Certamente a infelicidade aumentará com elas, mas elas não têm nenhuma relação com o aumento da sua felicidade.

Não estou dizendo que você deva renunciar às coisas, que você deva fugir da sua casa e renunciar à vida em sociedade.

Não, não interprete mal a minha afirmação. Do jeito que está, está bom. Nada vai acontecer se você largar as coisas e fugir delas ou se agarrar a elas. Permaneça onde está, mas comece a buscar dentro de si. Muita busca externa já foi feita, então vá para dentro. E então conheça a pessoa que você é; nesse saber você alcança tudo. Todos os desejos são imediatamente satisfeitos.

> Muitas vezes chego a um ponto em que não vejo
> mais sentido, valor e significado na minha vida.
> Tudo o que eu começo me leva a esse ponto.
> E os rios e oceanos que eu conheço são rios e
> oceanos de ilusões, sonhos e fantasias, não têm nada
> a ver com o Tao. Por favor, você poderia me ajudar
> a entender todos esses círculos ilusórios?

A VIDA VIVIDA INCONSCIENTEMENTE não pode ter nenhum significado. Na verdade, a vida não tem sentido em si mesma. O significado surge quando a consciência surge em você; portanto, a vida reflete a sua consciência; depois ela se torna um espelho, a vida ecoa sua canção, sua celebração, sua música interior. Ao ouvir esses ecos, você começa a perceber o sentido, a significância, o valor.

Vivendo uma vida inconsciente, você pode continuar mudando de um trabalho para outro; não vai adiantar. Talvez por alguns dias, quando o trabalho é novo e há entusiasmo, você pode se sentir bem. Pode novamente projetar suas ilusões, pode novamente começar a esperar: "Desta vez vai acontecer. Talvez não tenha acontecido até agora, mas desta vez vai acontecer". Novamente você vai se frustrar. Toda expectativa acaba trazendo frustração.

Um homem de consciência vive sem expectativas, por isso ele não pode sentir nenhuma frustração, nunca. Mais cedo ou mais tarde, quando a lua de mel acabar, você se sentirá frustrado. Quanto tempo pode durar uma lua de mel? E cada vez a frustração vai ser maior, porque seus fracassos estão se acumulando, estão se tornando uma montanha. E você falhou tantas vezes que lá no fundo, em algum lugar, o medo está sempre à espreita. Mesmo enquanto você está em lua de mel, no fundo há o medo de que não vá ser muito diferente. Você espera, embora saiba que não há esperança. Você tem de ter esperança para viver; caso contrário, terá de acabar com a própria vida.

Por isso as pessoas ficam mudando de emprego, mudando de *hobbie*, mudando de mulher ou de marido; ficam mudando de religião. Elas continuam mudando qualquer coisa que possam mudar, com a esperança de que, da próxima vez, algo vá acontecer. Mas, a menos que *você* mude, nada vai acontecer. Não se trata de mudar algo do lado de fora... Você continua igual!

Ouvi falar de um homem que se casou oito vezes, e ele estava intrigado: cada vez que se casava, depois de quatro, cinco, seis meses de convivência, ele descobria que, claro, o corpo era diferente, mas a nova mulher com quem ele tinha se casado parecia exatamente igual a anterior, era o mesmo tipo de mulher. Ele não conseguia acreditar no que estava acontecendo. Ele mudava novamente de esposa, procurava outra mulher com um nariz diferente, uma cor de pele diferente, um penteado diferente, talvez de outra raça, de outro país, mas, no final, ele acabava descobrindo que apenas as camadas externas eram diferentes, pois a estrutura interna da psique da mulher era a mesma.

A menos que você se conscientize da razão por que você faz uma determinada coisa, da razão por que você escolhe uma certa pessoa, um certo trabalho, uma certa ocupação, uma certa mulher, um certo homem, é inevitável que acabe sentindo frustração. Repetidamente, você vai deixa escapar o significado da vida.

FELICIDADE

A vida é apenas uma tela vazia, você tem de pintar o significado dela. O que quer que você pinte, esse será o significado que a vida vai adquirir.

Portanto, a primeira coisa que eu gostaria de dizer a você é: agora, em vez de mudar as coisas (qualquer direção ou dimensão externa), mude a sua consciência. A mudança tem de ser interior, pois apenas a mudança interior pode mudar alguma coisa. Caso contrário, todas as alterações serão falsas, serão "pseudoalterações". Vai parecer que algo está mudando, mas nada mudará de fato. Torne-se consciente.

Você diz: "Os rios e oceanos que eu conheço são rios e oceanos de ilusões, sonhos e fantasias, não têm nada a ver com o Tao".

Não, você não sabe. Você já ouviu alguém falando isso e pode ter acreditado. Estou lhe dizendo, dia após dia, que você está vivendo de ilusões. Por estar me ouvindo repetir isso várias e várias vezes, você vai começar a acreditar em mim, mas isso não vai adiantar. Não se trata da sua consciência de que você está vivendo de ilusões, sonhos e fantasias. Se fosse a sua consciência, a mudança seria imediata; você não faria mais nenhuma pergunta.

> A vida é apenas uma tela vazia, você tem de pintar o significado dela.

Para reconhecer o falso como algo falso é preciso reconhecer o que é verdadeiro. Esses são dois aspectos da mesma moeda, não são diferentes. Quando você reconhece o falso como falso, nesse mesmo instante você reconhece o verdadeiro como verdadeiro.

Trata-se de uma experiência simultânea. Se você consegue reconhecer o falso, é porque já deve ter reconhecido o verdadeiro; caso contrário, como iria reconhecer o falso?

Uma pessoa que está sonhando não sabe que aquilo é um sonho. E, se ela por acaso diz em seu sonho que aquilo é um sonho, isso significa simplesmente que ela está tendo um sonho dentro de um sonho, nada mais do que isso. Você pode ter sonhos dentro de outros sonhos, dentro de outros sonhos... Mas, quando você realmente percebe que aquilo é um sonho, o sonho evapora no mesmo instante, ele desaparece. A questão de saber se é um sonho ou não nem vem à baila. A questão só vem à baila porque você ainda está se agarrando às suas expectativas. Sim, você está pronto para aceitar que as expectativas passadas eram falsas, mas as expectativas que estão agora cercando você, seduzindo você, elas são falsas?

"Uma coisa terrível aconteceu comigo ontem à noite!", comenta Mário ao amigo.

"Mas ontem não foi seu aniversário?"

"Sim! Quando cheguei ao meu escritório ontem pela manhã, minha secretária me convidou para acompanhá-la até a casa dela!"

"E você acha isso terrível? Ela é linda!"

"Me deixe terminar. Às sete horas da noite, lá estava eu na porta dela com um buquê de rosas. Ela abriu a porta, vestida com um lindo vestido decotado..."

"E depois? O que aconteceu?", pergunta o amigo, ansioso para saber.

> *"Bem, ela me ofereceu um Martini, colocou uma música suave e depois sussurrou no meu ouvido: 'Tenho uma surpresa para você. Venha ao meu quarto daqui a dez minutos!'"*
>
> *"E o que você fez?", pergunta o amigo.*
>
> *"Bem, depois de dez minutos eu entrei no quarto... e lá estavam todos os meus colegas de trabalho cantando 'Parabéns pra você!'"*
>
> *"Bem, isso não foi tão terrível assim!"*
>
> *"Ah, não? Pois eu gostaria que fosse você no meu lugar... Eu estava totalmente nu!"*

As pessoas continuam vivendo expectativas, ilusões. Uma ilusão vai por água abaixo e, em seguida, elas já começam a viver outra. Nunca tomam consciência de que tudo o que a mente projeta vai ser ilusório. A mente só pode criar ilusões. Seu Deus é uma ilusão, sua meditação é uma ilusão, seu yoga é uma ilusão, seu Tao é uma ilusão, porque tudo isso é projeção da mente. É como o horizonte, que parece tão próximo que dá a impressão de que basta uma caminhada de uma hora para você alcançá-lo; no entanto, você nunca chega ao horizonte. Ele só "parece", ele não existe de verdade. Se você correr atrás dele, vai correr por toda a eternidade e não o alcançará.

> *Certa vez, um árabe encontrou um homem atravessando o Deserto do Saara, apenas com um traje de banho.*
>
> *"A que distância fica o mar?", perguntou o homem.*
>
> *"Cerca de oitocentos quilômetros ao norte", disse o árabe.*
>
> *"Mas que droga!", exclamou o homem, "Vou ter de ficar na praia!"*

Se você continuar vivendo na mente, terá de ficar na praia; nunca chegará ao mar. Você não está nem a oitocentos quilômetros de distância. O que você busca não existe, é uma miragem.

Não repita clichês, procure ver o ponto principal. Não acredite, procure compreender. Pare de projetar suas fantasias, sonhos, expectativas na vida. Esqueça isso completamente. Todo o esforço tem de ser um só, e é desse modo que se fica acordado. Se você está acordado, as coisas serão diferentes, totalmente diferentes. E não haverá necessidade de encontrar algo especial, de encontrar significado; nas pequenas coisas da vida há um significado, há uma grande significância. Cada seixo à beira-mar torna-se um diamante. Há sermões em cada pedra e cânticos escondidos em cada rocha, e escrituras por toda parte, porque o mundo está transbordando de divindade.

Você está sedento de significado pela simples razão de que não está olhando para o que existe; e não consegue olhar para o que existe porque está dormindo profundamente. Acorde! Saia da sua cova. A inconsciência é a sua sepultura. E, quando sair, você saberá o que é a vida e como ela é bela e feliz, é uma bênção e uma dádiva.

Eu não tenho interesse em nada. Tudo parece sem sentido. Nada me empolga, nem me provoca ou desafia. Nada tem vida ou entusiasmo. Eu me senti assim durante toda a minha vida. Por que devo fazer isso ou aquilo se nada me satisfaz no final? Estou sempre tentando ficar alegre, fingindo sentir, parecendo animado, interessado e vivo. Estou sempre

tentando ser corajoso, para superar alguns dos meus medos. Mas para quê? Estou cansado, sinto que "não estou aqui", e nem mesmo isso eu realmente sinto. Osho, onde estou?

Você diz: "Eu não tenho interesse em nada. Tudo parece sem sentido". Mas precisa ter sentido? Por que você está esperando que tenha sentido? Essa própria expectativa está criando problemas. Não há um sentido. Na verdade, pelo fato de não haver sentido, a alegria é possível. Como não há sentido, o contentamento é possível. Como não há sentido, a dança é possível.

Ouça os pássaros. Você acha que o canto dos pássaros tem algum significado? Não tem significado. E por que deveria ter? Veja as árvores também, as flores, as estrelas. Elas têm algum significado? Mas por que deveriam ter?

Certa vez, Picasso estava pintando um quadro e um amigo foi visitá-lo. O homem observou a tela por um tempo e depois disse: "Mas não vejo significado nenhum nessa pintura". Picasso o levou para o jardim, mostrou-lhe uma roseira com lindas flores e disse: "Você vê algum significado nestas rosas? Se as rosas não precisam ter significado, por que minhas pinturas precisariam ter? Estou gostando de pintá-las. Se alguém gostar de vê-las, ótimo. Se ninguém gostar, isso não é problema meu. Mas eu tenho adorado fazer minha pintura... Espalhar as cores na tela... Estou adorando!".

Um canto distante de um cuco, você vê a beleza disso? Mas você nunca pergunta sobre o significado desse canto, o que o pássaro estaria dizendo. Ele não está dizendo nada. É apenas glossolalia, está apenas desfrutando daquilo, é uma explosão de alegria.

Crianças correndo para lá e para cá, tão animadas! Você acha que isso tem algum significado? Acha que elas encontraram um tesouro? Acha que encontraram diamantes? Não é nada demais, talvez só tenham encontrado algumas pedrinhas coloridas ou uma borboleta morta, ou talvez tenham pego do chão algumas folhas mortas, conchas na praia, mas estão imensamente felizes.

A felicidade não precisa estar enraizada em algum significado. Na verdade, a própria ideia de significado destrói a felicidade. Depois que começa a procurar significado, você se torna uma calculadora, você se torna uma mente. Você perde seu ser. A partir daí, você estará numa tremenda enrascada, porque tudo só vai levá-lo a fazer a mesma pergunta.

Por exemplo: "Por que Deus criou o mundo? Que significado tem isso?". Mesmo que algum tolo possa lhe dar a resposta (e existem teólogos muito tolos por aí que dão todo tipo de resposta, porque sempre que há demanda há também uma oferta). Quando os tolos perguntam, os *"fool*ósofos"* respondem.

Mas seja qual for o significado que possam dar, "Deus criou o mundo porque...". Os hindus dizem que ele criou o mundo porque estava se sentindo solitário. Parece fazer sentido. Você pode entender isso: quando está se sentindo sozinho, você começa a fazer alguma coisa: ler o mesmo jornal que já leu três vezes ou sintonizar a estação do rádio que já está perfeitamente sintonizada. Você tem de fazer alguma coisa; caso contrário, começa a se sentir

---

* Osho funde as palavras *philosophers*, ("filósofos") e *fool* ("tolo"), em inglês. (N. da T.)

sem sentido. Portanto, Deus estava se sentindo sem sentido, sozinho, e começou a criar o mundo. Mas a pergunta é: por que foi só a partir de um determinado momento que ele começou a criar o mundo? O que ele estava fazendo antes?

Os cristãos dizem que ele criou o mundo exatamente quatro mil e quatro anos antes de Jesus Cristo. É claro que ele deve ter começado numa segunda-feira, porque a semana começa na segunda-feira! Mas a pergunta é: só quatro mil e quatro anos antes de Jesus Cristo ele criou o mundo (ou seja, em torno de seis mil anos atrás, apenas), então o que ele andou fazendo antes disso, por toda a eternidade? Ficou ali, apenas vegetando? E se ele conseguiu se virar bem sozinho por toda a eternidade, também deveria ter se virado bem sozinho durante esses seis mil anos, porque seis mil anos não são muita coisa em comparação com a eternidade. Não são nem seis segundos!

> A felicidade não precisa estar enraizada em algum significado.

E se ele teve de criar um mundo, por que criou *este*? Talvez estivesse se sentindo solitário, mas por que tantas pessoas tiveram de sofrer por causa disso? Que ficasse se sentindo solitário! Ele poderia ter se suicidado. Mas por que tantas pessoas precisavam sofrer desse jeito? E como ele está se sentindo agora? Está se sentindo o máximo? Desde então, não foi mais visto. Dizem que, depois que ele criou a mulher, fugiu e renunciou ao mundo. Deve ter ficado com medo. Essa foi sua última criação. Primeiro ele criou o homem, depois criou a mulher, e desde então não se sabe mais nada sobre ele. Talvez esteja fazendo algumas penitências, porque ele cometeu um grande pecado! Deve estar jejuando, plantando bananeira, fazendo posturas de yoga, alguma coisa para se livrar do karma que atraiu ao criar o mundo. Mas será que ele não pode "descriá-lo"? Não pode dizer, "Que este seja o fim!", assim como disse no início, "Que haja luz!" e a luz foi criada? Ele não poderia dizer "Que haja escuridão!" e criar a escuridão? Será que ele tem um parafuso a menos? Deveria ter um parafuso a menos desde o início; caso contrário, por que criaria este mundo? Tanta infelicidade, tanto sofrimento, que está todo mundo tentando se livrar da tristeza.

Nem mesmo a pessoa que faz a pergunta sente que existe vida, entusiasmo. Que tipo de mundo Deus criou? Sem vida, sem entusiasmo... Ele deveria aprender algo com Zorba, o grego: um pouco de entusiasmo, um pouco de vida. Deveria ter aprendido a rir antes de criar o mundo. Ele criou tudo com tanta seriedade... Esta é a única coisa errada com relação a Deus: ele é sério demais.

Você diz: "Eu não tenho nenhum interesse em nada". Nem eu tenho. Mas não vejo nenhum problema nisso, estou até gostando. Na verdade, desde que perdi todo o interesse em tudo, tenho vivido em imensa alegria. Ora, cada momento é uma grande piada. Porque a coisa toda é tão ridícula que eu posso até brincar ao falar de Deus sem medo nenhum, porque não há problema nenhum. Só uma coisa é certa: se um dia eu encontrar Deus, vou bater com toda força na cabeça dele: "Seu filho da mãe, por que você criou o mundo? E particularmente, por que você criou o homem que fez essa pergunta? Sem vida, sem ânimo, nada o empolga!".

Nada me empolga também. Nada o provoca, nada me provoca também. Nada o desafia, ele está quase perto da iluminação! É assim que alguém se torna iluminado. Quando não há nada a fazer, o que resta? A pessoa pensa: "Me deixe atingir a iluminação agora. Sem entusiasmo, sem ânimo, sem empolgação, sem provocação, sem desafio. Por que não ser iluminado agora?". Foi assim que aconteceu comigo. Um dia, vi que nada mais fazia sentido, então eu disse: "Está bom agora. Tudo está acabado, tudo está feito, então posso atingir a iluminação e ficar em paz". E desde então continuo iluminado, porque nada aconteceu para me fazer mudar de ideia.

A vida não tem sentido, mas é por isso que pode ser apreciada. Se você começar a buscar significado, estará pedindo para ter problemas. Você vai beijar a sua mulher e se perguntar: "Qual é o sentido de beijá-la?". Não há sentido. Existem muitas tribos indígenas que nunca se beijaram, eles esfregam o nariz. Pode parece tolo para você esfregar o nariz, mas beijar parece tolo para eles. E tenho a impressão de que eles são mais higiênicos, esfregar o nariz é mais higiênico. Beijar os lábios de outra pessoa é, na verdade, perigoso. E evite beijos franceses sobretudo! Explorar a boca de outra pessoa com a língua... Isso não faz sentido nenhum! Você não vai encontrar nenhum sentido, acredite! Você vai arranjar problema à toa. Pode contrair alguma doença... Porque o beijo é simplesmente a troca de muitos germes, milhões de germes. Se não

Respostas a Perguntas

me engano, milhões de germes são trocados num único beijo. Se as pessoas viveram séculos sem beijar, por que você não poderia? Se houvesse algum sentido, elas o teriam descoberto. Se você conseguiu viver sem esfregar o nariz no de ninguém... Se houvesse algum significado, você teria descoberto.

Na verdade, não há sentido nenhum. O significado é apenas um desejo da mente. Qual é o significado de alguma coisa? Se você começar a perguntar isso, naturalmente vai perder todo o ânimo, todo o entusiasmo. Ao acordar pela manhã, faça a pergunta: "Por que eu deveria me levantar da cama? Que sentido faz tudo isso? E eu tenho me levantado todos os dias há trinta, quarenta, sessenta anos... Qual o objetivo de tudo isso?". Todos os dias você se levanta e nada acontece. E no fim do dia tem de voltar para a cama. Se tem de voltar para a cama, por que não continua deitado? Você vai perder todo o entusiasmo, todo o ânimo.

Sempre que fizer alguma coisa, pergunte: Por que eu deveria fazer isso? Qual o sentido disso? Durante vinte e quatro horas, faça isso e, naturalmente, a única coisa que lhe restará será tirar a própria vida. Mas, lembre-se, você tem de fazer a mesma pergunta mais uma vez: Por quê? Por que devo tirar minha própria vida? Qual é o significado disso? Isso vai salvá-lo!

Se você fizer perguntas idiotas, vai destruir a sua vida. O que estou tentando dizer é que toda a questão do significado é uma grande tolice. Aproveite a vida, ame, cante, dance! Não há nenhum significado, então por que não aproveitar? Se houvesse significado, isso significa que haveria algum tipo de vida mecânica. As máquinas têm significado. O carro tem um significado: ele transporta você de um lugar para o outro. A comida tem significado, a casa tem significado: ela protege você do sol e da chuva. As roupas têm significado, mas a vida não tem significado.

Por isso a vida é liberdade. O significado se tornaria uma escravidão, uma prisão. Somente as máquinas têm significado, o homem não pode ter significado.

Mas essa liberdade... Depois que abandona essa ideia absurda de significado, você sente uma imensa liberdade. E essa liberdade terá vida e entusiasmo.

Você diz: "Eu me senti assim durante toda a minha vida". Então, já basta! Você já se esforçou o suficiente, agora tente do meu jeito. Você tentou do seu jeito, agora tente do meu. Esqueça tudo sobre o significado, comece a viver sem buscar um significado. Faça todo tipo de coisa sem sentido e veja o que acontece. Você imediatamente se sentirá mais vivo, imensamente vivo, porque a vida não tem significado nenhum. No momento em que você abre mão do significado, a mente desaparece e a vida toma posse de você.

Você diz: "Por que devo fazer isso ou aquilo se nada me satisfaz no final?". Não existe nada que o satisfaça, é o seu "por quê" que causa problemas e que causou problemas para milhões de pessoas. Na verdade, todos as supostas religiões têm cometido essa mesma estupidez que você está cometendo. Elas continuam perguntando por quê.

Há uma bela história de Turgenev...

Numa aldeia havia um homem pobre que todos consideravam um idiota. A aldeia inteira dava risada dele. Mesmo que ele

Respostas a Perguntas

dissesse algo muito sério, todo mundo ria e achava que era uma idiotice. Era um consenso geral que aquele idiota não podia dizer nada de significativo. O idiota estava ficando cansado daquilo.

Um místico estava passando. O idiota foi até o místico, caiu aos pés dele e disse: "Por favor, me salve! A aldeia inteira me acha um idiota! Como posso me livrar dessa ideia que me cerca? E todo mundo continua martelando a mesma coisa a meu respeito".

O místico disse: "É muito simples. Faça o seguinte: durante sete dias, não faça nenhuma declaração, assim ninguém dirá, 'Isso é idiotice'. Em vez disso, comece a perguntar 'Por quê?', sempre que alguém disser alguma coisa. Se alguém disser: Veja, a flor rosa é tão bonita', pergunte 'Por quê? Prove! Como você pode provar que esta flor rosa é bonita? Que fundamentos você tem?' E isso fará a pessoa se sentir tola, porque ninguém pode provar isso. Se alguém disser: 'Esta noite está tão linda... a lua cheia...', pergunte no mesmo instante (nunca perca a oportunidade): 'Por quê? Que fundamentos você tem para dizer isso?' Durante sete dias, não faça nenhuma declaração que permita à outra pessoa perguntar por quê. Simplesmente espere que os outros façam uma declaração. E pergunte. Se alguém disser: 'Shakespeare é um grande poeta'. Pergunte 'Por quê? Que fundamentos você tem para dizer isso? É tudo bobagem o que ele escreveu, tudo sem sentido, coisa sem importância. Não vejo nenhuma beleza, nenhuma poesia naquilo'".

Durante sete dias o idiota fez a mesma coisa. A aldeia inteira ficou muito intrigada. Ele fez todo mundo se sentir idiota. Naturalmente, todos começaram a pensar que ele havia se tornado sábio. Depois de sete dias, ele procurou o místico imensamente feliz e disse: "Foi um belo truque. Eu não achava que fosse mudar muita coisa, mas agora toda a aldeia me idolatra".

O místico disse: "Continue. Eles vão idolatrá-lo porque existem coisas... Na verdade, tudo o que é realmente significativo não tem nenhum significado".

Nos dicionários, "significância" e "significado" são sinônimos, mas na existência não é assim. Eles são antônimos. O significado vem da mente e a significância é um fenômeno natural. Não pode ser provado, só pode ser sentido; é uma coisa do coração. Se você sente que a rosa é bonita, isso não é uma coisa da sua cabeça, por isso você não pode provar. Quando você diz: "Esta mulher é linda", você não pode provar. "Este homem é lindo", você não pode provar. Como você não pode provar, isso significa que não é algo da mente; é um sentimento, que faz o seu coração bater mais rápido.

Se o seu coração se emociona, trata-se de uma dimensão totalmente diferente; é a dimensão da significância.

Se você conseguir abrir mão da sua busca por significado, será imensamente agraciado com mil e uma experiências significativas. Mas, se você procurar significado, perderá toda significância e nunca mais encontrará sentido em nada.

A mente é a coisa mais impotente do mundo. Ela pode fazer máquinas, pode criar tecnologia, pode fazer muito trabalho científico, mas não pode criar poesia, não pode criar amor, não pode conferir significância. Isso porque a significância não é uma obra da mente. Para isso existe um centro totalmente diferente em você: o coração e a abertura do coração. Quando o coração se abre, toda a vida passa a fazer sentido, mas não vou dizer que se torne significativo. Lembre a diferença. Eu não ensino sobre o significado, eu ensino sobre significância.

E você diz: "Estou sempre tentando ficar alegre...". Essa é a melhor maneira de matar a alegria para sempre! Tentando ficar alegre?! Você diz: "Estou sempre fingindo sentir". Esses são os venenos mais eficazes para matar todos os sentimentos. Você diz: "Estou tentando parecer animado, interessado e vivo". No próprio ato de tentar parecer, você aceitou que está morto, que não está interessado, que não está animado, que não está sentindo, que está apenas fingindo.

Tentar ficar alegre significa simplesmente que você sabe muito bem que está triste. Ora, você pode enganar os outros, mas como pode enganar a si mesmo? Você está tentando ficar alegre. Portanto, sabe perfeitamente bem que está triste. E cada vez que tenta, você está enfatizando a sua tristeza. Cada vez que tenta sentir, você se afasta mais do sentimento. Cada vez que tenta ficar empolgado, isso é falso. E você está ficando hipnotizado pelo hábito de se mostrar interessado e vivo.

Esse curso de ação que você escolheu é muito suicida. Se você está triste, fique triste. Não há nada de errado em ficar triste. Fique muito triste, aprecie essa tristeza! A tristeza tem sua própria beleza, tem seu próprio silêncio, tem sua própria profundidade. E

> Tentar ficar alegre significa simplesmente que você sabe muito bem que está triste.

se você conseguir ficar muito triste, mais cedo ou mais tarde terá que sair dessa tristeza. Mas dessa vez não será fingimento, você simplesmente sairá dela.

Na minha infância, eu adorava nadar e o rio da minha aldeia ficava muito perigoso na estação chuvosa, ele inundava. É um rio que corre pelas montanhas, acumula tanta água que se torna quase um oceano. E ele tem alguns pontos perigosos nos quais muitas pessoas morreram. Esses poucos pontos perigosos são redemoinhos e quem que é pego por um redemoinho é sugado para baixo. E a pessoa continua sendo puxada cada vez mais para o fundo. Claro, ela tenta sair, mas o redemoinho é poderoso. Ela luta, mas não tem energia suficiente. E, ao lutar contra a força da água, a pessoa fica exausta e o redemoinho acaba com ela.

Descobri uma pequena estratégia, e essa estratégia (todo mundo ficava surpreso com ela) era que eu pulava dentro do redemoinho e saía dele sem nenhum esforço. A estratégia não era lutar contra o redemoinho, mas deixá-lo me levar. Na verdade, o segredo é ser mais rápido e deixar que ele sugue você; assim você não fica cansado, simplesmente mergulha dentro dele. E você mergulha tão rápido que não precisa lutar contra o redemoinho. E ele é maior na superfície, quanto mais fundo menor ele fica. É difícil sair até que ele fique muito pequeno. No final, no fundo pedregoso do rio, ele é tão pequeno que você simplesmente sai dele. Você não precisa tentar sair, você sai naturalmente. Eu aprendi sobre a arte da entrega com aqueles redemoinhos. Eu sou grato ao meu rio.

E passei a usar essa estratégia de me entregar em todas as situações da minha vida. Se havia tristeza eu simplesmente mergulhava nela e ficava surpreso ao ver que a estratégia funcionava. Se você mergulhar fundo, você vai estar fora daquilo; e se sentindo revigorado, não cansado, porque você não precisou lutar. Você não estava fingindo ser feliz, não havia por que lutar. Você aceitou a tristeza totalmente, de todo o coração. E quando você aceita algo totalmente, nessa mesma aceitação você transforma o seu caráter.

Ninguém aceita a tristeza, por isso a tristeza continua sendo tristeza. Aceite-a e veja o que acontece. É justamente nessa aceitação que você transforma a qualidade desse sentimento. Você traz um novo elemento a ele, a aceitação, o que é extraordinário. E, ao aceitá-lo, você começa a ver suas belezas. Ele tem alguns aspectos bonitos. Nenhum riso pode ter tanta profundidade quanto a tristeza. Nenhuma alegria pode ser tão silenciosa quanto a tristeza.

Então, por que não aproveitar esses aspectos da tristeza que ela lhe apresenta, em vez de lutar contra ela, em vez de fingir que sente o contrário? E lembre-se de uma lei fundamental: *"Aes dhammo sanantano"*, diz Buda. É uma lei da vida que nada permaneça igual por muito tempo. Simplesmente aproveite quando sentir tristeza, pois nada permanece igual por muito tempo. Heráclito diz: "Você não pode entrar no mesmo rio duas vezes, o rio está passando muito rapidamente". A vida está passando como um rio. Então por que se preocupar? Se você sente tristeza, aproveite-a enquanto ela está dentro de você. Em breve ela terá partido. Se você apreciá-la até o âmago, ela o deixará revigorado, rejuvenescido... E depois virá a alegria. E essa alegria será natural e espontânea.

Você diz: "Estou cansado..." você fatalmente ficará cansado, porque está lutado. Relaxe, entregue-se e todo o cansaço desaparecerá.

Você está usando a linguagem errada. Está lutando contra a existência em vez de fazer parte dela, em vez de aceitar suas dádivas, quaisquer que sejam elas. Às vezes é tristeza, às vezes é alegria, às vezes é escuridão, às vezes é claridade, às vezes é inverno e às vezes é verão. Aproveite todas as estações. Todas essas estações são necessárias; o sol é necessário, a chuva é necessária, o vento é necessário, a escuridão é necessária, a luz é necessária. Na verdade, tudo o que existe tem seu lugar na vida. Aproveite tudo isso e você não vai se sentir cansado, vai se sentir cheio de energia. Sentirá uma dança de energia dentro de você.

Mas você terá de mudar toda a sua maneira de abordar a vida.

Você poderia explicar sobre o caminho do coração e sobre como manter o equilíbrio, porque, quando estou no coração, às vezes me sinto feliz e às vezes me sinto triste. Então não consigo ver muito bem como posso seguir o caminho do coração e ficar centrado.

Não há nada de errado nisso. Você deveria se permitir sentir. Ambos os sentimentos são bons, portanto não escolha.

A escolha vem da cabeça. O coração não conhece nenhuma escolha. Ele às vezes é feliz e às vezes é triste. Ambos são naturais e fazem parte de um ritmo, como o dia e a noite, o verão e o inverno. O coração vai mudando de ritmo. A parte triste é um momento de relaxamento, assim como a noite, a escuridão. A parte feliz é animada como o dia. Ambas são necessárias e ambas vêm do coração.

Mas a pergunta sobre isso está vindo da cabeça, sobre como equilibrar. O desejo de permanecer feliz vinte e quatro horas por dia é da cabeça. O coração não conhece escolha, ele não faz escolhas. O que quer que aconteça acontece. Trata-se de uma profunda aceitabilidade. A cabeça nunca aceita. Tem suas próprias ideias sobre como as coisas deveriam ser, como a vida deveria ser. Tem seus próprios ideais, suas utopias, suas esperanças. Esqueça a pergunta e siga o coração.

Quando estiver triste, fique triste. Fique muito triste... afunde nessa tristeza. O que mais você pode fazer? A tristeza é necessária. É muito relaxante... uma noite escura que o rodeia. Adormeça nela. Aceite-a e você verá que no momento em que aceita a tristeza, ela começa a ficar bonita. Ela é feia por causa da rejeição, não é feia por si só. Depois que aceitá-la, você verá como ela é bonita, como é relaxante, como é calma e serena, silenciosa. Ela tem algo para dar que a felicidade nunca poderá proporcionar.

A tristeza dá profundidade.

A felicidade dá elevação.

A tristeza dá raízes.

A felicidade dá ramos.

A felicidade é como uma árvore que cresce em direção ao céu e a tristeza é como as raízes que descem em direção ao ventre da terra. Mas ambas são necessárias e, quanto mais cresce uma árvore, mais profundas são suas raízes. Quanto maior a árvore, maiores serão as raízes. Na verdade, elas são sempre proporcionais. Uma árvore alta terá raízes profundas na mesma proporção. Esse é o seu equilíbrio.

Você pode não manter esse equilíbrio. O equilíbrio que você procura manter é inútil. Ele de nada vale. É um equilíbrio forçado. O equilíbrio vem espontaneamente, ele já existe. Na verdade, quando você está feliz, você fica tão animado que é cansativo. Você já percebeu? O coração imediatamente se volta em outra direção, para lhe dar um descanso. Você sente isso como tristeza. Mas ele só está lhe dando um descanso, porque você estava ficando eufórico demais. Isso é medicinal, terapêutico. É como no dia em que você trabalha muito: a noite você adormece profundamente. De manhã você está revigorado outra vez. Depois da tristeza, você se sente cheio de energia e fica animado outra vez.

Portanto, depois de cada período de felicidade vem um período de tristeza e, depois de cada tristeza, você sente felicidade outra vez. Na verdade, não há nada de triste na tristeza. A mente dá uma conotação errada a essa palavra. Por isso, quando estiver triste, simplesmente fique triste. Não crie nenhum antagonismo nem diga: "Eu gostaria de estar feliz". Quem é você para gostar ou não? Se a tristeza está acontecendo, isso é um fato. Aceite isso e fique triste, fique totalmente triste.

Qualquer que seja o fato, não opte pela ficção, permaneça com o fato. Não tente fazer nada. Apenas continue vivendo e o equilíbrio surgirá por conta própria. Não é nada que você tenha de fazer. Se você fizer alguma coisa, só vai piorar.

Muito bem. Essa pergunta é muito significativa, mas lembre--se de que ela vem da cabeça, portanto não se preocupe com a cabeça. Durante um mês, procure viver de acordo com o coração e tente de todas as maneiras ficar apenas com o coração. Às vezes ele lhe dá noites escuras, aproveite-as. As noites escuras têm estrelas muito bonitas. Não olhe apenas para a escuridão, descubra onde estão as estrelas.

Nos últimos dez dias, eu me senti extremamente feliz, como nunca antes. Apenas sendo eu mesmo e me aceitando como sou eu me senti muito bem. Às vezes, essa sensação incrivelmente boa é perturbada por dois pensamentos. Primeiro: isso vai continuar assim? Será que eu consigo manter esse sentimento no futuro? E segundo: por que só cheguei a esse estado agora que já estou ficando velho? Eu não consigo me esquecer e ainda lamento por todos esses anos em que simplesmente não vivi. Por favor, explique como me livrar dessas perturbações à minha felicidade.

QUEM FEZ ESSA PERGUNTA FOI UM HOMEM que chegou aqui há apenas seis meses e era uma das pessoas mais infelizes que já conheci. Foi um milagre! Ele mudou totalmente. Agora posso dizer simplesmente o contrário: ele é uma das pessoas mais felizes que temos aqui.

Essas duas perguntas são naturais, porque agora ele vai embora, vai voltar para casa. O medo surge: ele vai conseguir manter essa felicidade que descobriu? O futuro. E a segunda pergunta: ele lamenta por todos aqueles anos que viveu, mas não viveu de verdade, que ele perdeu. Ele poderia ter vivido aqueles anos com a mesma felicidade que tem agora. O passado. Esses são dois perigos sobre os quais é preciso ficar alerta. Sempre que você fica extremamente feliz, no mesmo instante a mente começa a tecer a sua teia.

E há dois métodos mentais, porque a mente existe ou no passado ou no futuro. Imediatamente ela diz: "Veja só, você poderia ter sido feliz a vida toda". Agora a mente está distraindo você, mas diga a ela: "O que isso importa? Esses vinte ou trinta ou cinquenta anos já se passaram. Tenham sido vividos com felicidade ou não, eles já se foram; não fazem mais diferença". De manhã, quando você acorda, que diferença faz se você teve um sonho muito bom ou se teve um pesadelo? Que diferença faz? Quando você desperta pela manhã, ambos eram simplesmente sonhos. A noite acabou e você não está mais dormindo.

Quando a mente diz: "Veja só, você poderia ter sido feliz a vida toda", ela está criando um desejo absurdo. Você não pode voltar ao passado. Não pode fazer nada com relação ao passado; o passado não volta mais, ele se foi para sempre. Basta pensar: mesmo que você tivesse sido feliz durante todos esses cinquenta anos, que diferença faz isso agora? Tenham sido felizes ou infelizes, esses anos não passam de uma lembrança agora. Na verdade, se o seu passado existiu ou não, que diferença faz?

Bertrand Russell uma vez escreveu que havia ocasiões em que ele começava a se perguntar se o passado realmente tinha existido ou se ele simplesmente havia imaginado que ele um dia existiu. Você foi realmente uma criança ou simplesmente sonhou que um dia foi uma criança? Como é possível diferenciar uma coisa da outra agora? Ambas estão na memória; se você sonhou com isso ou se realmente viveu, as suas coisas fazem parte da memória e não há como diferenciar. O passado está na memória – tanto o real quanto o irreal. E segundo os psicólogos, quando as pessoas dizem alguma coisa sobre seu passado, não se pode confiar nelas, porque, quando se trata de passado, muitas fantasias e sonhos se fundem e se misturam. O passado delas não é factual e não poderia ser de outro jeito, pois tudo está contido apenas na memória. Se você realmente o viveu ou apenas sonhou com ele, nos dois casos tudo foi mesclado e se fundiu.

O passado não passa de uma memória. Mas a mente pode criar grandes problemas e, ao criar todo esse alarido, vai privá-lo da felicidade que está ao seu alcance agora. Apenas diga à mente: "Estou colocando um ponto final no passado e não me importo nem um pouco se fui feliz ou infeliz. Ele se foi e se foi para sempre. O agora é o único momento que existe".

Se você não ouvir essa armadilha, a mente tem outra para você. Ela dirá: "Ok, o passado se foi, mas e o futuro? O que será do futuro? Pelo menos você pode controlar o futuro; ele ainda vai acontecer, você pode planejá-lo. E você não gostaria que esse belo estado no qual você está agora durasse para sempre?". Novamente o desejo surgirá. Não diga sim a isso, porque isso levará você a novamente se afastar do presente. E a felicidade está sempre no aqui e agora.

A felicidade é algo que pertence ao presente. Agora diga à mente: "Não estou nem um pouco preocupado com o futuro, porque, se posso ser feliz agora, neste momento, posso ser feliz para sempre, porque o futuro nunca vem como futuro, ele sempre vem como presente. E agora eu conheço o segredo de ser feliz no presente, então por que eu deveria me preocupar com o futuro? O amanhã não virá como amanhã, virá como hoje. E eu tenho a chave para abrir a porta. Pelo menos neste momento estou feliz e sei como ser feliz neste momento. Todos os momentos que virão sempre chegarão a mim como presente". Você já percebeu? Não há diferença entre um instante e outro. O tempo está completamente além de qualquer discriminação. Ele é sempre puro agora.

Portanto, fique atento. Essas são as duas armadilhas da mente. A mente não pode viver sem infelicidade, por isso está tentando criar infelicidade para que possa perturbar a sua paz. Depois disso, ela ficará perfeitamente feliz. Depois que começa a lamentar pelo seu passado (e não importa pelo que você lamente), você começa a ficar triste, deprimido. E depois que começa a ficar muito preocupado com o futuro, você fica cheio de desejo, tenso, preocupado, se perguntando se vai conseguir ou não, se será capaz de dar conta ou não. Entre essas duas rochas, o momento frágil do presente é esmagado.

> A felicidade é algo que pertence ao presente.

Por isso você tem de ficar muito alerta. Quando alguém está infeliz, pode viver pouco alerta, porque nada tem a perder. Quando alguém está feliz, é preciso que seja muito cuidadoso e cauteloso; agora essa pessoa tem um tesouro e pode perdê-lo. E pode perdê-lo num segundo, dentro de uma fração de segundo. Um passo em falso pode pôr tudo a perder. E essas são as duas direções que levam você a perder o seu tesouro.

Uma pessoa pobre, um mendigo, não precisa se preocupar em ser roubado, mas uma pessoa que possui tesouros precisa ser muito cautelosa. Quando Buda andava com cautela, por que ele fazia isso? Ele tinha algo, algo tremendamente frágil, que poderia largar em qualquer momento de inconsciência e poderia perder.

Há uma história zen...

Um rei do Japão costumava visitar sua capital todas as noites. Ele reparou num mendigo que ficava sempre sentado debaixo de uma árvore, em estado de alerta; ele nunca o encontrava dormindo. O rei o viu em diferentes horários, mas o mendigo se mantinha alerta a noite inteira, apenas sentado ali, completamente imóvel, com os olhos abertos.

Por curiosidade, uma noite ele perguntou ao mendigo: "Por que você está sempre tão vigilante? O que está guardando? Não vejo o que poderiam roubar de você ou como poderiam enganá-lo. Por que continua sentado aí, só vigiando?".

O mendigo soltou uma risada e disse: "Quanto a mim, gostaria de lhe fazer a mesma pergunta. Por que tantos guardas? Por que todo um exército ao redor do seu palácio? Eu não vejo o que precise guardar. Nunca vi um mendigo mais miserável! Você está completamente vazio, até posso ver através de você. Não vejo nenhum tesouro ali, por que esse exagero? No que me diz respeito, eu tenho um tesouro e preciso ficar alerta para não perdê-lo. Um único momento de inconsciência e posso perdê-lo". E o mendigo disse: "Olhe nos meus olhos, porque o meu tesouro está escondido dentro de mim". E dizem que o rei olhou nos olhos do mendigo, mergulhou nos olhos dele e se perdeu completamente. Era um vasto espaço luminoso.

O rei se tornou discípulo desse mendigo. Esse mendigo era um mestre zen e o rei estava em busca havia muitos anos e havia procurado muitos mestres, mas nunca tinha conseguido sentir a vibração do desconhecido. Com esse mendigo, ele conseguiu senti-lo quase materializado na frente dos seus olhos, e pôde tocá-lo. Algo divino aconteceu a esse homem.

Portanto, se você tem um pequeno tesouro para guardar, guarde-o. Mas estes dois serão os ladrões: o passado e o futuro. Fique alerta. Não é preciso mais nada, apenas fique alerta. Simplesmente procure espantar esse sono. Sempre que você começar a cair na armadilha, dê uma sacudida em si mesmo e lembre-se.

Eu gostaria de lhe contar uma das mais belas parábolas que já foram escritas ao longo dos séculos. As parábolas quase desapareceram deste mundo porque aquelas belas pessoas, Jesus, Buda, que criavam muitas parábolas, desapareceram. A parábola não é uma história comum; a parábola é um dispositivo, um dispositivo para dizer algo que normalmente não é possível dizer, um dispositivo para insinuar algo que só pode ser insinuado de um modo muito indireto.

Esta parábola foi escrita na era em que estamos; um homem muito raro, Franz Kafka, a escreveu. Ele era realmente um homem raro. Resistia muito a escrever, porque dizia que o que ele queria escrever não podia ser escrito. Por isso ele resistia muito, mas não conseguia vencer a tentação de escrever, por isso escrevia. E um dia ele escreveu num dos seus diários, "Estou escrevendo porque é difícil não escrever e sei bem que também é difícil escrever. Não vendo saída, estou escrevendo". E, quando ele morreu, deixou um pedido a um de seus amigos: "Por favor, queime tudo o que escrevi, meus diários, minhas histórias, minhas parábolas, meus esboços, minhas anotações. E queime tudo sem ler, porque essa é a única maneira de eu me livrar dessa ansiedade constante por tentar dizer algo que não pode ser dito. Não resisti, por isso escrevi. Agora esse é o único jeito. Escrevi porque não consegui me controlar. Eu tive de escrever sabendo muito bem que isso não poderia ser escrito, por isso agora, sem ler, destrua, queime tudo até as cinzas. Não pode sobrar nada". Mas o amigo não conseguiu e é bom que ele não tenha conseguido.

Esta é uma das parábolas de Kafka. Atente para ela, medite sobre ela.

Dei uma ordem para que meu cavalo fosse trazido do estábulo. O servo não me compreendeu. Eu mesmo fui ao estábulo, selei meu cavalo e montei. Ao longe ouvi um toque de clarim. Perguntei a ele o que significava. Ele não sabia de nada e nem tinha ouvido nada.

No portão ele me deteve, perguntando: "Onde vai cavalgar, patrão?".

"Não sei", respondi. "Só quero ir para longe daqui. O mais longe possível. Só assim vou poder chegar ao meu destino."

"Então sabe qual é o seu destino?", ele perguntou.

"Sim", respondi. "Já não disse? Longe daqui, esse é o meu destino."

"O senhor não está levando provisões", reparou ele.

"Não preciso", eu disse. "A viagem é tão longa que devo morrer de fome se não conseguir nada pelo caminho. Nenhuma provisão pode me salvar porque a viagem é longa demais, não seria possível levar provisões suficientes. Nenhuma previsão poderia me salvar, pois felizmente é uma jornada realmente longa."

Essa é a parábola. "O destino", diz ele, "está longe daqui. Longe daqui está o meu destino." É assim que todo mundo vive: seguindo para longe daqui, para longe de agora. Você não sabe para onde vai, apenas uma coisa é certa: você está indo para longe daqui, para longe do agora.

A parábola diz que é uma jornada longa. É de fato interminável, porque você nunca vai chegar a lugar nenhum. Como você pode chegar "longe daqui"? Onde quer que você chegue, será aqui. E novamente você estará tentando ir para longe daqui. Não há como chegar a esse destino. Se longe daqui é o destino, então não há como alcançá-lo. E todos nós estamos fugindo daqui.

Atenção. Não deixe que essa parábola se torne a sua vida. Todo mundo está sempre fazendo isso, conscientemente ou não.

Comece a seguir em direção ao aqui, comece a seguir para o agora e você sentirá uma felicidade imensa, a tal ponto que começará a transbordar. Você não apenas se deliciará com isso, como começará a transbordar e esse começará a se tornar o seu clima. Vai ser como uma nuvem ao seu redor, por isso quem chegar perto de você será envolvido por ela. Até mesmo as outras pessoas vão começar a tomar parte dela, participar dela.

E, quanto mais você tem, mais você vai se afogar no aqui e agora. Até que chega um momento em que você não tem mais nenhum espaço vazio dentro de si mesmo: só há a felicidade, você desaparece.

Mas fique atento a duas coisas: o passado e o futuro. E agora você tem algo a perder, você é uma pessoa de sorte porque tem algo a perder. E tem a grande responsabilidade de não perder isso. A mente continuará tentando do jeito dela por um tempo. Se você ficar tão alerta a ponto de a mente não conseguir invadi-lo, perturbá-lo ou distraí-lo, aos poucos ela vai começar a perder a força. Um dia ela vai entender que agora, com você, não há mais possibilidade e então ela vai deixá-lo em paz. Vai parar de assombrá-lo. Esse dia vai chegar também. Como antes você não podia acreditar que essa felicidade era possível, você pode não ser capaz de acreditar no que estou dizendo agora. Também chegará o dia em que não haverá nenhuma distração.

Nesse dia, mais uma vez, você terá de se manter ainda mais alerta, porque você vai começar a gritar: "Por que desperdicei tantos anos com distrações?!". E você ficará mais uma vez preocupado com o futuro. Muitas vezes você terá de enfrentar esse passado e esse futuro de muitas, muitas maneiras diferentes. É como uma pessoa subindo até o pico de uma colina. Ela vai dando voltas e mais voltas ao redor da colina, por um caminho que passa em torno dela, e muitas vezes enxerga a mesma vista, chega ao mesmo lugar. Um pouco mais no alto, mas no mesmo lugar, com as mesmas árvores, o mesmo céu. Várias e várias vezes, antes de chegar ao pico, ela chega ao mesmo ponto, um pouco mais alto, é claro, mas no mesmo ponto, repetidamente. Muitas vezes ele passará por essa mesma distração, com relação ao passado e ao futuro. Esse é apenas o começo.

Mas um dia, ele chega ao cume e, quando chega lá, pode ver tudo ao mesmo tempo: o vale, o céu, as nuvens, a altura, a profundidade. Tudo fica visível. Isso é que é iluminação.

Tudo Sobre Osho

Este website é um abrangente portal *on-line* para tudo que diz respeito ao Osho, inclusive informações sobre seus livros, suas técnicas de meditação, os áudios e vídeos de suas palestras e os arquivos de texto pesquisáveis sobre suas palestras em inglês e hindi. Nesse site, você pode encontrar aplicativos para o seu celular ou assinar um "não pensamento por dia", tirar uma carta do *Tarô Zen de Osho* (publicado pela Editora Pensamento), e fazer uma leitura dessa carta. Você também pode assinar o boletim regular ou se tornar um assinante da rádio e da TV OSHO. Há uma loja em que você pode encontrar músicas para suas meditações ativas do Osho ou simplesmente ouvir músicas apropriadas para a meditação.

Essa página é atualizada regularmente para que você fique a par dos lançamentos de livros e tudo o que é publicado no jornal online OSHOTIMES. Ela também apresenta regularmente trechos das palestras de Osho, que esclarecem as questões mais comuns sobre Osho e seu trabalho ou tratam dos problemas sociais, políticos e ambientais mais prementes do nosso tempo.

Uma seção inteira dessa página é dedicada às Meditações **OSHO**, com atualizações frequentes e um conteúdo muito útil para aqueles que praticam esses métodos. Outra seção trata dos programas e das instalações oferecidas pelo **OSHO** International Meditation Resort, em Pune, na Índia, onde se pode viver uma experiência profunda da visão de Osho e do estilo de vida meditativo.

A **OSHO** International Online também oferece um programa extenso, além de meditações, cursos, grupos, Terapias Meditativas **OSHO**, sessões individuais e outras oportunidades de aprendizado online – tudo planejado para que você possa mergulhar dentro de si mesmo e descobrir o seu próprio ser.

Para mais informações sobre a **OSHO INTERNATIONAL ONLINE**, consulte:

www.OSHO.com/oshointernational,
oshointernational@oshointernational.com

Para mais informações:

www.**OSHO**.com

Este *website* é um abrangente portal *on-line* em vários idiomas, que inclui uma revista, os livros do Osho, as palestras do Osho em áudio e vídeo, além da **OSHO** Library, composta de arquivos de texto pesquisáveis em inglês e hindi, e informações extensas sobre as meditações do Osho.

Nesse site, você também pode encontrar a programação da **OSHO** Multiversity e informações sobre o **OSHO** International Meditation Resort.

Websites:

http:// **OSHO**.com/AllAbout **OSHO**
http:// **OSHO**.com/Resort
http://www.youtube.com/ **OSHO**international
http://www.Twitter.com/**OSHO**
http://www.facebook.com/pages/**OSHO**.International

Para mais informações com a **OSHO** International Foundation, consulte:

www.osho.com/oshointernational,
oshointernational@oshointernational.com

Sobre o autor

Osho desafia classificações. Suas milhares de palestras abrangem desde a busca individual por significado até os problemas sociais e políticos mais urgentes que a sociedade enfrenta hoje. Seus livros não são escritos, mas transcrições de gravações em áudio e vídeo de palestras proferidas de improviso a plateias de várias partes do mundo. Em suas próprias palavras, "Lembrem-se: nada do que eu digo é só para você... Falo também para as gerações futuras".

Osho foi descrito pelo *Sunday Times*, de Londres, como um dos "mil criadores do século XX", e pelo autor americano Tom Robbins como "o homem mais perigoso desde Jesus Cristo". O *jornal Sunday Mid-Day*, da Índia, elegeu Osho – ao lado de Buda, Gandhi e o primeiro-ministro Nehru – como uma das dez pessoas que mudaram o destino da Índia.

Sobre sua própria obra, Osho afirmou que está ajudando a criar as condições para o nascimento de um novo tipo de ser humano. Muitas vezes, ele caracterizou esse novo ser humano como "Zorba, o Buda" – capaz tanto de desfrutar os prazeres da terra, como Zorba, o Grego, como de desfrutar a silenciosa serenidade, como Gautama, o Buda.

Como um fio de ligação percorrendo todos os aspectos das palestras e meditações de Osho, há uma visão que engloba tanto a sabedoria perene de todas as eras passadas quanto o enorme potencial da ciência e da tecnologia de hoje (e de amanhã).

Osho é conhecido pela sua revolucionária contribuição à ciência da transformação interior, com uma abordagem de meditação que leva em conta o ritmo acelerado da vida contemporânea. Suas singulares **OSHO** Active Meditations têm por objetivo, antes de tudo, aliviar as tensões acumuladas no corpo e na mente, o que facilita a experiência da serenidade e do relaxamento, livre de pensamentos, na vida diária.

Dois trabalhos autobiográficos do autor estão disponíveis:

Autobiografia de um Místico Espiritualmente Incorreto, publicado por esta mesma Editora.

Glimpses of a Golden Childhood [Vislumbres de uma Infância Dourada].

Osho International
Meditation Resort

Localização
Localizado a 160 quilômetros a sudeste de Mumbai, na próspera cidade moderna de Pune, na Índia, o **OSHO** International Meditation Resort é um destino de férias diferenciado. O Meditation Resort está espalhado por 28 acres de jardins espetaculares, numa bela área residencial arborizada.

Meditações do **OSHO**
Uma programação diária completa de meditações para cada tipo de pessoa inclui métodos tradicionais e revolucionários, e particularmente as **OSHO** Active Meditations. As meditações acontecem no que pode ser a maior sala de meditação do mundo, o **OSHO** Auditorium.

OSHO Multiversity

Centro de meditação e crescimento pessoal que engloba artes criativas, saúde holística, transformação pessoal, relacionamentos e transições de vida, transformando a meditação num estilo de vida para o dia a dia e o trabalho, em ciências esotéricas e numa abordagem "zen" para os esportes e a recreação. O segredo do sucesso da **OSHO** Multiversity reside no fato de que todos os seus programas são combinados com a meditação, apoiando a compreensão de que, como seres humanos, somos muito mais do que a soma das nossas partes.

OSHO Basho Spa

O luxuoso Basho Spa oferece a oportunidade de nadar ao ar livre, cercado por árvores e uma vegetação tropical. A espaçosa *jacuzzi* de estilo único, as saunas, a academia, os campos de tênis... tudo isto é realçado pelo seu cenário deslumbrante.

Alimentação

Uma variedade de diferentes praças de alimentação serve deliciosa comida vegetariana ocidental, asiática e indiana — a maioria cultivada organicamente especialmente para o Meditation Resort. Pães e bolos são feitos na própria padaria do resort.

Vida noturna

Há muitos eventos noturnos a escolher – a dança está no topo da lista! Outras atividades incluem meditações de lua cheia sob as estrelas, *shows* de variedades, apresentações musicais e meditações para a vida diária.

Ou você pode simplesmente conhecer pessoas no Plaza Café, ou passear na serenidade noturna dos jardins deste ambiente de conto de fadas.

Instalações

Você pode comprar artigos de higiene pessoal na Galleria. A **OSHO** Multimedia Gallery vende uma grande variedade de produtos de mídia do Osho. Há também um banco, uma agência de viagens e um Cyber Café no *campus*. Para quem gosta de fazer compras, Pune oferece todas as opções, desde produtos tradicionais e étnicos indianos até lojas de marcas globais.

Acomodações

Você pode optar por ficar nos quartos elegantes da **OSHO** Guesthouse ou, para estadias mais longas no *campus*, pode selecionar um dos pacotes do programa **OSHO** Living-In. Além disso, há uma grande variedade de flats e hotéis nas proximidades.

www.osho.com/meditationresort
www.osho.com/guesthouse
www.osho.com/livingin

Impresso por :

Graphium
gráfica e editora

Tel.:11 2769-9056